ABITUR-WISSEN LATEIN

Gerhard Metzger

Lateinische Literaturgeschichte

STARK

ISBN 978-3-89449-132-1

www.stark-verlag.de
1. Auflage 2001

Inhalt

Autor: Gerhard Metzger

Vorwort

Liebe Schülerin, lieber Schüler,

die vorliegende Literaturgeschichte ist für die **Oberstufe** des Gymnasiums verfasst. Sie beschreibt in konzentrierter und dennoch klarer und übersichtlicher Form die **Autoren** und ihre **Werke**. Die einzelnen Literaturgattungen werden in ihrer Eigenart hervorgehoben.

Die lateinische Literatur wird **vor dem Hintergrund der politischen, sozialen und der Wirtschaftsgeschichte Roms** dargestellt. Den einzelnen literarischen Abschnitten sind Kapitel mit der Beschreibung der jeweiligen historischen Situation vorangestellt, in der die Autoren lebten und sich als Schriftsteller entwickelten.

Viele **lateinische Zitate** mit Übersetzung sollen die Autoren selbst sprechen und die lateinische Literatur so lebendig werden lassen. Einige Kapitel ergeben sich aus der Orientierung des Buches an den Latein-Lehrplänen der Oberstufe, so z. B. die Kapitel zur **Verfassung** Roms, zur lateinischen **Metrik**, zur **Rhetorik**, zum römischen **Recht**.

Ein **chronologischer Überblick** am Schluss der Literaturgeschichte ermöglicht eine Orientierung auf einen Blick, das **Personen- und Sachregister** erleichtert die Benutzung.

Gerhard Metzger

Römische Republik und Vorklassik: bis ca. 130 v. Chr.

1 Die geschichtlichen Anfänge Roms

753 v. Chr. wurde die Stadt Rom nach der Berechnung des bedeutenden römischen Altertumsforschers Varro (siehe S. 25 f.) gegründet. Die Bewohner gehörten dem **Volksstamm der Latiner** an, die die breite Fruchtebene Latium südlich des Tiber besiedelten. Diese wiederum waren ein Teil der indogermanischen Italiker, die im 2. Jahrtausend v. Chr. in Italien eingewandert waren.

Bei der Gründung hatten die Etrusker ihre Hand im Spiel, jenes nichtindogermanische Volk, das damals das große geografische Dreieck, das vom Arno und vom Tiber gebildet wird, beherrschte. Nach dem griechischen Historiker Herodot sollen die Etrusker aus Kleinasien stammen, was mit der römischen Gründungssage, die den Stammvater Aeneas aus Troja kommen lässt, übereinstimmen würde. Im Gegensatz zu den eher bäuerlichen Italikern hatten sie eine ausgesprochene Stadtkultur entwickelt.

Die **Etrusker** fassten die auf den sieben Hügeln zerstreuten bäuerlichen latinischen Siedlungen zu einer Stadt zusammen, deren Gründung in der Burganlage auf dem kapitolinischen Hügel ihren krönenden Abschluss fand. Damit hatten sie einen wichtigen Stützpunkt an der Südgrenze ihres Machtgebietes in Händen, wo die Kreuzung des Tiber mit einer Handelsstraße, die vom griechischen Unteritalien nach Etrurien führte, einen bedeutenden Handelsknoten bildete.

Sieben Könige sollen die Sieben-Hügel-Stadt der Sage nach in den ersten Jahrhunderten regiert haben. Tarquinius Priscus und Tarquinius Superbus, der letzte König, tragen eindeutig etruskische Namen (vgl. die Etrusker-Stadt Tarquinii). Die Königszeit ist für uns literaturlose, damit vorgeschichtliche Zeit. Auch das archäologische Material ist spärlich.

2 Die Befreiung Roms

510 v. Chr. erhebt sich der inzwischen selbstbewusst gewordene römische Adel gegen die etruskische Vorherrschaft. Der letzte König, Tarquinius Superbus, wird unter Führung des Lucius Junius Brutus, der als leuchtendes Beispiel eines Kämpfers gegen die Tyrannenmacht in die römische Geschichte einging, abgesetzt, die **Republik** tritt an die Stelle der Monarchie, und die Etruskerherrschaft ist beendet. Den Anstoß zum Aufstand soll die Schändung der Bürgerstochter Lucretia durch den Sohn des Tarquinius Superbus gegeben haben, die sich aus Scham selbst getötet hatte. Im selben Jahr 510 soll der Jupitertempel auf dem Kapitol vollendet und eingeweiht worden sein: Ein glänzendes Jahr in der römischen Geschichte also.

3 Die Ständekämpfe – Klärung der inneren Machtstruktur

Zwei Stände stehen sich nun in Rom gegenüber: Die führenden Adelsgeschlechter **(patricii)**, die nach eigenem Verständnis „väterliche" Gewalt ausüben, und die breite Masse der Bauern und Handwerker **(plebs)**, die weder zivile noch politische Rechte haben. Diese sind freilich in einer Art Schutz- und Hilfsverband, der Klientelschaft, vielfältig mit den Patriziern verbunden. So übernimmt etwa ein Patrizier die Rechtsvertretung seines Klienten, gewährt ihm wirtschaftliche Hilfe, verlangt seinerseits von ihm Ergebenheit bei innenpolitischen Auseinandersetzungen und seinen Einsatz im Kampf nach außen. Die Patrizier mit den ihnen jeweils ergebenen Klienten bilden die römischen **gentes** (Stämme), die Rom bis zur Kaiserzeit beherrschen sollten (vgl. die gens Julia, die gens Cornelia).

494 kommt es zum Bruch zwischen Patriziern und Plebejern. Der direkte Anlass: Trotz ständigen, blutigen Einsatzes der Plebs im Krieg wurden die harten Schuldgesetze, die teilweise bis zur Versklavung (Schuldknechtschaft) geführt hatten, nicht gemildert. Nun kündigt die Plebs den Staat auf, es kommt zur **Sezession auf den „Heiligen Berg"** im Norden Roms, man will eine eigene Stadt gründen. Nach Verhandlungen kommt es zu einem Kompromiss – Menenius Agrippa soll ihn mit seinem Gleichnis vom angeblich faulen Magen und den fleißigen Gliedern eingeleitet haben. Nachdem eine Revision der Schuldgesetze vereinbart ist, ein politisches Versammlungsrecht der Plebejer anerkannt wird und der Plebs eigene Beamte mit Vetorecht gegen Maßnahmen der Patrizier zugestanden sind – die Volkstribunen –, kehrt man in die Stadt und in den Staat zurück.

Weitere demokratische Akte folgen in den nächsten Jahrhunderten:

451 wird das geltende Recht im **Zwölftafelgesetz** kodifiziert und damit jedem Bürger zugänglich gemacht.

445 erhalten die Plebejer das Recht des *conubium* (Heirat) mit Patriziern, was nicht heißt, dass es tatsächlich zu vielen Ehen zwischen den beiden Ständen gekommen wäre.

367 werden sie zum Konsulat zugelassen. Freilich gelang es nur wenigen *homines novi,* in den illustren Kreis der etwa 25 führenden Familien, die die Konsuln stellten, aufzusteigen.

326 wird die Schuldknechtschaft endgültig abgeschafft.

287 erhalten auch die Beschlüsse der Plebejerversammlung, die Plebiszite, durch die lex Hortensia Gesetzeskraft für den Gesamtstaat, ein Riesenerfolg für die Plebs. Damit sind die Ständekämpfe abgeschlossen.

Freilich darf nicht übersehen werden, dass trotz dieser Demokratisierungsakte in der Praxis der Staat weiterhin von den führenden Häuptern der *gentes* geleitet wird. Das liegt schon darin begründet, dass jedes politische Amt in Rom ein unbezahltes Ehrenamt ist. Jedenfalls geht der römische Staat aus dieser innenpolitischen Auseinandersetzung gestärkt hervor.

4 Ausdehnung der römischen Macht über Italien und das westliche Mittelmeer

Mit einer unglaublichen Wucht stößt bald die römische Expansion in die nähere, dann weitere Umgebung vor. Rom findet immer einen Grund für sein militärisches Vorgehen: Einmal ist es das Gefühl eigener Bedrohung, dann der Hilferuf eines Schwächeren, der sich Roms Macht gegen einen Stärkeren versichern will. Nur: Wo der Römer einmal seinen Fuß hingesetzt hat, dort weicht er nicht mehr. Die sich ständig wiederholenden Erfolge lassen bei den Römern bald eine Art **Sendungsbewusstsein** entstehen: Sie fühlen sich mehr und mehr zur Weltherrschaft berufen, empfinden es als ihre historische Aufgabe, die Welt zu „befrieden“ **(pacare)**.

Der römische Kampf richtet sich zunächst gegen das feindliche Etrurien, das 396 v. Chr. mit dem Verlust der wichtigen Stadt Veji im Norden Roms eine entscheidende Niederlage erleidet. 340–338 werden im Latinerkrieg die Städte Latiums in ein Bundesgenossenverhältnis zu Rom gezwungen. In den Kriegen gegen die Samniten im Südosten, die 290 erfolgreich beendet werden, dehnt

Rom seine Macht in Mittelitalien aus. Schließlich ruft die Auseinandersetzung des mächtigen Tarent mit dem benachbarten Thurii zwei ebenbürtige Bundesgenossen auf den Plan: Hier Rom, dort den König Pyrrhos von Epirus. Nach drei unentschiedenen Schlachten zwischen 280 und 275 („Pyrrhussiege") muss sich Pyrrhos nach Griechenland zurückziehen, Tarent wird römischer Bundesgenosse und bis 270 ist das ganze griechische Unteritalien ins **römische Bündnissystem** hineingewachsen. Die Bündnisverträge mit den einzelnen Städten sind verschieden gestaltet, aber alle sind zur Heeresfolge verpflichtet.

Rom kann kaum aufatmen, da beginnt die Auseinandersetzung mit dem das westliche Mittelmeer beherrschenden Karthago, gegen das Rom diesmal vom sizilianischen Messina zu Hilfe gerufen wird. Der **Erste Punische Krieg (264–241 v. Chr.)** endet mit der Eroberung Siziliens, der ersten römischen **„Provinz"**. Sizilien wird nicht in das römische Bündnissystem aufgenommen, sondern bleibt unterworfenes Gebiet, das von einem römischen Magistrat verwaltet wird.

237 entreißt Rom Karthago die Provinzen Sardinien und Korsika. Kurz darauf wird die Eroberung Oberitaliens *(Gallia Cisalpina)* 222 abgeschlossen, an die sich sofort der **Zweite Punische Krieg (218–201)** anschließt, nach dessen Beendigung durch Publius Cornelius Scipio Karthago auf allen außerafrikanischen Besitz verzichten muss. Das erst vor Kurzem von Karthago gewonnene Spanien geht als Doppelprovinz *(Hispania Citerior, Hispania Ulterior)* an Rom. In der Auseinandersetzung mit Karthago ist die Landmacht Rom auch zur Seemacht geworden, ihr Aktionsradius weitet sich damit.

5 Die Eroberung des griechischen Ostens: Berührung mit Griechenland

Noch haben die Nachfolgestaaten des Alexanderreichs (**Makedonien** einschließlich Griechenlands, das **Seleukidenreich** in Vorderasien, das **Ptolemäerreich** in Ägypten) von der neuen Macht im Westen keine Kenntnis genommen, als Rom in einen internen Streit der östlichen Großmächte eingreift: Makedonien und das Seleukidenreich wollen sich Ägypten einverleiben, Rom ergreift Partei für den Schwächeren.

197 v. Chr. wird der Makedonenkönig besiegt, der römische Sieger T. Quinctius Flamininus lässt demonstrativ die Freiheit Griechenlands erklären, 190 wird der Seleukidenkönig in Kleinasien entscheidend geschlagen. Dort wächst die Stadt **Pergamon** unter römischer Protektion zu einem wichtigen Gegenpol des Seleukidenreichs heran.

168 endet ein Vergeltungskrieg Makedoniens gegen Rom in der Schlacht von Pydna in einer Katastrophe: Makedonien wird in vier Teile zerschlagen. Der römische Feldherr war L. Aemilius Paullus.

146 wird das von Rom erneut in einen Krieg gezogene Karthago zerstört, ein Aufstand Makedoniens im Verbund mit Griechenland führt wiederum zur Niederlage (nach der Korinth dem Erdboden gleichgemacht wird). Zwei neue Provinzen werden eingerichtet: Auf karthagischem Gebiet die **Provinz Africa**, im Osten die **Provinz Makedonien**, die Griechenland einschließt.

133 vermacht der Herrscher von Pergamon sein Reich testamentarisch den Römern, Kleinasien wird zur **Provinz Asia**.

Jetzt ist Rom praktisch Herr im gesamten Mittelmeerraum, umspannt mit seiner Macht die damalige politische Welt.

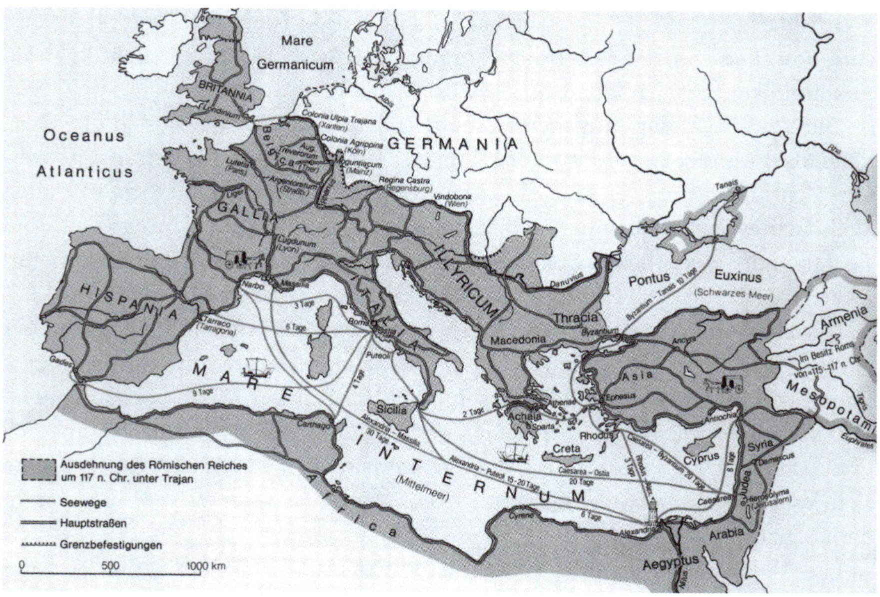

Das Römische Reich in seiner größten Ausdehnung 117 n. Chr.

6 Die römische Verfassung

Schon der griechische Historiker Polybios sah in seiner römischen Geschichte in der Verfassung Roms einen maßgebenden Grund seiner politischen Kraft.

Drei Verfassungsorgane stehen nebeneinander: Die Staatsbeamten **(Magistrate)**, der Senat und die Volksversammlung. Die gesamte Staatsleitung im Krieg und im Frieden liegt in den Händen der zwei jährlich gewählten **Konsuln** (Prinzip der Kollegialität und Annuität). Die Amtsbereiche der ihnen untergeordneten anderen Magistrate stellen gewissermaßen aus der Gesamtverantwortung der Konsuln an diese delegierte Aufgaben dar. So sind die zwei Prätoren für die Rechtsprechung zuständig, der *praetor urbanus* für die inneren, der *praetor peregrinus* für auswärtige Rechtsangelegenheiten. Den Quästoren obliegt die Finanzverwaltung, sie haben die Aufsicht über die Staatskasse. Die vier Ädilen üben die Polizeigewalt aus, haben die Aufsicht über den Markt und sind vor allem für die Getreideversorgung der Stadt verantwortlich; in ihren Zuständigkeitsbereich fallen auch wichtige staatliche Spiele.

Die Verteilung der Aufgaben lässt aber nicht übersehen, dass sich die staatliche Macht in der Amtsgewalt der Konsuln bündelt, die in Notzeiten eine weitere Zentralisierung der Macht durch die Berufung eines Diktators mit allen Vollmachten innerhalb einer halbjährigen Amtszeit bewirken können.

Neben der eigentlichen Staatsmagistratur stehen die Volkstribunen (anfangs zwei, später zehn), die speziell die Rechte der Plebs vertreten (siehe S. 2).

Der aus dem ursprünglichen Ältestenrat des Adels hervorgegangene **Senat** ist die Ratsversammlung ausgewählter ehemaliger Beamter, die nur beratende Funktion hat (ursprünglich 300, seit Sulla 600, unter Cäsar vorübergehend 900 Mitglieder). Da sich in diesem Gremium aber die politische Kompetenz und Erfahrung Roms summiert, hat die Autorität des Senats ein Gewicht, dem sich kein Magistrat entziehen kann. Auch die Provinzverwaltung untersteht dem Senat.

Die **Volksversammlung (comitia centuriata)** ist zwar in der Zeit der Ständekämpfe etabliert worden, ihre Organisation wurde aber später dem König Servius Tullius zugeschrieben. Der „Servianischen Centurienordnung" liegt ein militärisches Aushebungsverfahren nach Vermögensklassen zugrunde. Jede Centurie stellte ursprünglich eine Hundertschaft für das Heer. Die 193 abstimmungsberechtigten Centurien setzen sich zusammen aus 18 Centurien der Ritterschaft *(equites:* oberste Vermögensklasse mit einem Mindestvermögen von 400 000 Sesterzen), bei den Fußsoldaten *(pedites)* aus 80 Centurien der 1. Klasse (Mindestvermögen von 100 000 Sesterzen), 20 Centurien der 2. Klasse, 20 Centurien der 3. Klasse, 20 Centurien der 4. Klasse und 30 Centurien der 5. Klasse. Alle Bürger ohne ein bestimmtes Mindestvermögen sind weiteren 5 Centurien (nicht Wehrfähige) zugeteilt.

Dem Aushebungsmodus entsprechend haben die oberen Centurien bedeutend weniger Mitglieder als die unteren. Jede Centurie verfügt bei Abstimmungen über eine Stimme, sodass die 18 Rittercenturien und die 80 Centurien der 1. Klasse bereits über die absolute Mehrheit verfügen, obwohl sie nur einen Bruchteil der Einzelstimmen darstellen. Auch in der Volksversammlung zentriert sich also die Macht ganz eindeutig in der Spitze. Die Volksversammlung wählt die wichtigen Magistrate, hat gesetzgebende Gewalt und tritt in den den Gesamtstaat angehenden Rechtsfällen als Richterkollegium auf.

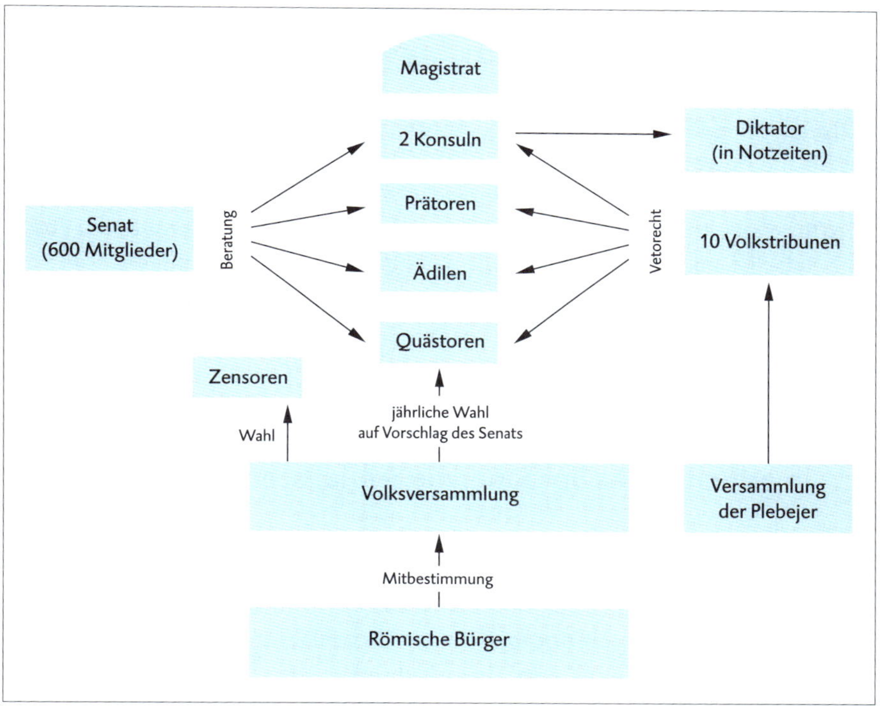

Die römische Verfassung

Wiederum bezeichnend für die hierarchische Machtstruktur des römischen Staates ist, dass die Volksversammlung nicht selbstständig zusammentreten kann, sondern von einem Magistrat einberufen werden muss, dass sie nicht aus den eigenen Reihen heraus Anträge formulieren darf, sondern nur über ihr vom Magistrat vorgelegte Anträge abzustimmen hat.

Polybios sieht in der römischen Verfassung eine aus den drei Urverfassungen gemischte Verfassung, wobei die Konsuln das monarchische Element, der Senat das aristokratische und die Volksversammlung das demokratische darstellen: Die **Mischverfassung** verdanke ihre Kraft und Stabilität dieser ausgewogenen Kombination.

Eine Art Wächteramt über den Gesamtstaat haben die **zwei Censoren**, die alle vier Jahre für eine eineinhalbjährige Amtszeit gewählt werden, die sie mit einem den Gesamtstaat reinigenden Sühnopfer *(lustrum)* abschließen. Sie kontrollieren die Bürgerlisten, teilen die Bürger in die entsprechenden Vermögensklassen ein und überprüfen und ergänzen den Senat. Ihre Aufgabe besteht weiterhin in der Überwachung der Sitten der Bürger. Sie können durch die *nota censoria* unwürdige Senatoren aus dem Senat, Ritter aus dem Ritterstand ausschließen, jeden Bürger zum „Aerarier" bestimmen, d. h. ihm eine Strafsteuer auferlegen.

Ihr als *sanctissimus magistratus* empfundenes Amt wird somit zum Garanten für die Bewahrung des als staatstragend geltenden Sittenkodexes **(„mores maiorum")**. Im Ganzen ist die römische Verfassung also hierarchisch-patriarchalisch strukturiert, das Machtgefüge geht von oben nach unten, der römische Staat ist konservativ eingestellt, ja entbehrt nicht reaktionärer Züge. Ein solch straff organisiertes, zentral gelenktes Machtsystem erklärt sicher zum Teil die außenpolitische Schlagkraft Roms.

7 Frühe römische Geschichtsschreibung in griechischer Sprache: die Annalisten

Die bedeutenden politischen Erfolge Roms wecken bald das Bedürfnis, sie literarisch darzustellen und die ruhmreichen Taten der Nachwelt zu überliefern. Als Erster stellt der Senator **Q. Fabius Pictor** die römische Geschichte von der Gründung der Stadt in chronologischer Reihenfolge *(annales:* Jahrbücher) bis zur eigenen Zeit dar, und zwar in griechischer Sprache. Fabius Pictor war 216 v. Chr. nach der Niederlage von Cannae als Führer einer Gesandtschaft zu dem Delphischen Orakel in Griechenland gesandt worden, um dort Rat in der verzweifelten Situation einzuholen.

Auch sein Zeitgenosse **L. Cincius Alimentus**, der das Kommando über die die Niederlage von Cannae überlebenden Truppen übernommen hatte, schreibt, ebenfalls in Griechisch, eine römische Geschichte.

Hier artikuliert sich Rom zum ersten Mal. Das war mit Schwierigkeiten verbunden: Der Römer verfügt noch nicht über eine geübte Literatursprache, ein lesendes Publikum fehlt. Also schreibt man im damals die Welt beherrschenden Griechisch, der Muttersprache der zwei großen Historiker der Antike, Herodots (5. Jh. v. Chr.: Geschichte der griechischen Freiheitskämpfe gegen die Perser) und Thukydides' (5. Jh. v. Chr.: Geschichte des Peloponnesischen Krieges). Die **griechische Darstellung** entspringt sicherlich auch dem Ehrgeiz, den Gebildeten der damals die Weltsprache Griechisch beherrschenden Mittelmeerwelt von den Taten des bisher eher unbekannten Rom zu erzählen.

Einen späten Nachfolger finden die ersten Annalisten in **A. Postumius Albinus**, dem Konsul des Jahres 151 v. Chr., der sich im Vorwort zu seiner römischen Geschichte immerhin noch für sein unvollkommenes Griechisch entschuldigt.

8 Griechische Literatur in römischem Gewand

8.1 Livius Andronicus

Beim Zusammenstoß mit dem hellenisierten[1] Osten wird Rom mit der hoch entwickelten Literatur der Griechen konfrontiert. In den Bildungszentren der hellenistischen Welt – nach wie vor an der Spitze **Athen**, dann vor allem **Alexandrien** in Ägypten, **Pergamon** in Kleinasien sowie **Rhodos** – war man bereits Nachfahre der griechischen Klassik (5./4. Jh. v. Chr.), die nun philologisch-wissenschaftlich aufgearbeitet wurde und in eigenen dichterischen Werken als Vorbild nachwirkte. Bevor in Rom an eigenes literarisches Schaffen zu denken war, hatte man sich naturgemäß mit der griechischen Literatur auseinanderzusetzen. Zunächst werden also griechische Werke ins Lateinische übersetzt, dann in eigener Sprache nachgeahmt. Schließlich findet die lateinische Literatur, immer in Auseinandersetzung mit dem griechischen Vorbild, ihren eigenen Weg. An vielen hochgebildeten Sklaven aus dem griechischen Osten hatte man die geeigneten Lehrer.

So steht am Anfang der römischen Literatur der griechische Sklave **Livius Andronicus** (gest. um 200 v. Chr.), ein Freigelassener der *gens Livia*. Sein Unterricht in Rom bestand vor allem darin, dass er seinen Schülern griechische Werke vorübersetzte: Epen, Tragödien, Komödien. In der römischen Literaturgeschichte sicherte er sich einen Platz durch die Übersetzung der Odyssee Homers ins Lateinische: Die **„Odusia“** diente bis zur Zeit des Horaz als Schul-

1 Hellenismus: Das mit dem Tod Alexanders des Großen 323 v. Chr. anbrechende Zeitalter, in dem die griechische Kultur zur Weltkultur wurde.

buch (Horaz, Epistel 2,1,69 f.). Als Versmaß übernahm Andronicus den italischen Kultliedern entstammenden Saturnier, einen in der Mitte durch eine Pause geteilten Vers mit sechs wenig festgelegten Hebungen, d. h. Betonungen.

8.2 Die römische Komödie: Plautus und Terenz

Über die Schule hinaus verschaffte sich die griechische Komödie bald bei weiteren Volkskreisen Gehör. In Übersetzungen oder schöpferischen Nachdichtungen wurde sie auf die römische Bühne gestellt. Ihr Vorbild ist nicht die politische Komödie der sogenannten „Alten griechischen Komödie", vor allem des Aristophanes (um 500 v. Chr.), sondern die „Junge Komödie", vor allem deren Meister **Menander** (um 300 v. Chr.): Hier geht es um Privates aus dem bürgerlichen Alltag, menschliche Schwächen, Liebe, Intrigen oder lustige Zufälligkeiten.

Die beiden großen Autoren der römischen Komödie sind **T. Maccius Plautus** und **P. Terentius Afer**. Plautus (gest. um 180 v. Chr.), der aus Italien stammt, war vom Fach, wahrscheinlich in der Theaterwelt groß geworden, selbst ehemaliger Schauspieler. Sein *nomen gentile* („Familienname") leitet sich wohl von *maccus* („der Dummkopf") ab, einem beliebten Charaktertypus in der *fabula Atellana* (siehe S. 11). 20 Komödien sind von ihm erhalten, alle Titel sind ins Lateinische übersetzt, wahrscheinlich ist Plautus auch mit seinen griechischen Originalen und Vorbildern relativ ungeniert umgegangen (u. a. „Mercator", „Miles gloriosus", „Poenulus", „Captivi", „Asinaria"): Hier hören wir frühes Latein, Volkslatein, Liebes- und Soldatensprache.

Maske eines Schauspielers aus Athen, 1. Hälfte des dritten Jahrhunderts v. Chr.

P. Terentius Afer, ein freigelassener afrikanischer Sklave (gest. 159 v. Chr.), setzt an die Stelle der attischen Umgangssprache des griechischen Originals den gepflegten Konversationsstil der besseren römischen Gesellschaft. Sechs Komödien sind erhalten (entstanden zwischen 166 und 160 v. Chr.), alle haben noch die ursprünglichen griechischen Titel: „Andria" (Mädchen von Andros), „Heautontimorumenos" (der Selbstquäler), „Hecyra" (die Schwiegermutter), „Eunuchus", „Phormio", „Adelphoe" (die Brüder). Da geht es drunter und drüber in der Liebe, bis endlich die füreinander Bestimmten auch zueinanderkommen.

Bloß eine Spielart der griechischen Komödie ist die „römische" Komödie, die am Ort spielt und ganz mit römischem Personal und römischer Atmosphäre ausgestattet ist: Sie stellt sich in römischem Gewand **(fabula togata)** neben die griechische Komödie (**fabula palliata**; *pallium:* griechischer Mantel) eines Plautus und Terenz. Ein Stück der *fabula togata* ist nicht erhalten.

Auch in der Tragödie hat man lateinischen Bearbeitungen griechischer Tragödien eine eigene Tragödie entgegenzustellen versucht: die **fabula praetexta** *(toga praetexta:* Amtskleid des römischen Magistrats). So hat Ennius in seinen „Sabinae" den Raub der Sabinerinnen tragisch verwertet, im „Scipio" die Taten des Siegers gegen Hannibal verherrlicht. Die Tragödie fand aber keine rechte Heimat in Rom, die römische Tragödie ist mit Ausnahme der Seneca zugeschriebenen „Octavia" auch nicht erhalten. Das ist nicht verwunderlich, wenn man hört, dass selbst die Komödie einen schweren Stand hatte, wenn Volkstümlicheres lockte. So beklagt sich Terenz im Prolog zur „Hecyra", dass die Premiere dreimal unterbrochen und verschoben werden musste, da einmal Faustkämpfer das Publikum abzogen, einmal Seiltänzer, einmal fechtende Gladiatoren:

> Die Schwiegermutter bring ich wieder, die ich nie in Ruh
> Vorführen konnte ...
> Als ich zuerst sie spielte, hat Faustkämpferruhm ...
> Seiltänzer dann, auf die man sehnlich wartete,
> Verschuldet, dass ich vor der Zeit von der Bühne wich.
> Ich wage den Versuch und bring es abermals.
> Im ersten Akt gefall ich; da verbreitet sich
> Der Ruf, dass Fechter kämpfen; flugs läuft alles Volk
> Dorthin ...
>
> Terenz: Hecyra 1 ff.; Übersetzung von Donner.

Man meint den Ruf *panem et circenses* schon damals zu hören: Die Zirkusspiele locken mehr als das Theater. Wenn in der altphilologischen Forschung behauptet wird, dass italische Vorformen des Lustspiels, die „fabula Atellana", eine aus der Stadt Atella in Kampanien stammende lustige Posse, und der Mimus, eine eher pantomimische Darstellung alltäglicher Szenen, auf die lateinische Komödie Einfluss genommen hätten, so scheint dieser nicht so nachhaltig gewirkt zu haben, dass sich die Komödie gegen das Gladiatorenspiel in der Gunst des Publikums auf Dauer hätte durchsetzen können.

9 Das römische Epos: Naevius und Ennius

Mit dem durch Livius Andronicus in Rom eingeführten Epos[2] (siehe S. 9) bemächtigt sich der Römer einer Gattung, die seinem gravitätischen Charakter und seinem Sendungsbewusstsein in ganz besonderem Maße entspricht.

Das große Vorbild **Homer** stand am Anfang der griechischen Literatur: Im 8. Jahrhundert v. Chr. hatte er in der „Ilias" (Kampf der Griechen um Troja) und der „Odyssee" (Irrfahrten des Odysseus) von einer heldenhaften, im Vergleich zur eigenen Gegenwart als größer empfundenen mythischen Vorzeit erzählt, in der der Mensch den Göttern noch näher war. Um 700 v. Chr. entstanden in Anlehnung an Homer die Epen **Hesiods:** Die „Theogonie", eine systematische Darstellung der Göttermythen, und die „Erga" (Werke und Tage), in denen er aus mythischem Geschehen (etwa Mythos von Prometheus, der den Menschen das Feuer brachte; Mythos von den fünf immer schlechter werdenden Weltaltern usw.) Regeln für die rechte Lebensweise des Menschen ableitet: Hier liegt das erste lehrhafte Epos vor. In hellenistischer Zeit schrieb **Apollonios Rhodios** (3. Jh. v. Chr.), wiederum unter dem Einfluss Homers, seine „Argonautika", jene heldenhafte Fahrt Jasons und seiner Gefährten auf dem Schiff Argo behandelnd, die nach Kolchis am Schwarzen Meer führt, wo das Wunder wirkende Goldene Vlies geraubt werden soll, und wo Jason die Königstochter Medea gewinnt. In Rom versucht zunächst **Naevius** (ca. 280 bis 200 v. Chr.) im hohen Stil des Epos römische Geschichte darzustellen. Er stellt damit der „Odusia" des Livius Andronicus ein Epos über die Taten des römischen Volkes entgegen. Die ersten drei Bücher seines im Saturnier geschriebenen „Bellum Poenicum" handeln von der mythischen Vorzeit Roms (Aeneas), die vier weiteren aber erzählen den Ersten Punischen Krieg. Damit hat Naevius den mythischen Bereich verlassen und das Epos mit historischem Stoff gefüllt.

Homer

Zum eigentlichen Homer Roms aber ist der aus dem unteritalischen Kalabrien stammende **Ennius** (239–169 v. Chr.) geworden. Er schrieb Tragödien, Komödien, Satiren und Epigramme, sein Hauptwerk aber sind die „Annales",

2 Epos: Breite Erzählung im Hexameter über meist heldenhafter mythischer Vorzeit entnommene Themen.

ein Epos über die gesamte Geschichte Roms bis auf die eigene Zeit. Ennius hat das Versmaß des altrömischen Saturniers durch den griechischen Hexameter ersetzt, der damit ein für alle Mal zum Versmaß auch des römischen Epos wird. Wie Homer für Griechenland, so wurde Ennius zum großen **nationalen Dichter Roms**, dem Sänger von der Größe Roms. Ihm verdankt Rom zu einem Gutteil die Schöpfung einer **hohen Literatursprache:** *Patrium sermonem ditavit* – „Er hat unsere Sprache reich gemacht", sagt Horaz von ihm (Epistel 2,3,57). Vergil lässt oft Verse des Ennius in seiner „Aeneis" anklingen. Die Annalen beginnen mit einem Traum, in dem Homer erscheint und Ennius offenbart, dass seine Seele in ihn übergegangen sei. Ennius, der sich als ein neuer Homer empfindet, ist tatsächlich zum Homer Roms geworden, der erst durch Vergils Werk verdrängt werden sollte, dem Homer ebenfalls das große Vorbild war.

Bemerkenswert für den Geist der römischen Literatur ist jedenfalls, bei Naevius wie bei Ennius, dass an die Stelle der handelnden Götter und Heroen des griechischen Epos Konsuln und Tribunen getreten sind, sowohl ein Zeichen für den Wirklichkeitssinn der Römer als auch für ihr hohes Selbstbewusstsein.

Mit den Annalen des Ennius hat die römische Literatur sich von ihrem griechischen Vorbild gelöst und eine eigene Prägung erhalten.

10 Geschichtliche Umbruchszeit nach den Eroberungen

Rom war seit etwa 150 v. Chr. zur Weltherrschaft gelangt, das römische Imperium hatte sich über den Mittelmeerraum ausgedehnt. Das hatte seinen Preis gefordert, das hatte Folgen. Unter der kaum abreißenden Kette von Kriegen hatte vor allem das kleine und mittlere Bauerntum zu leiden gehabt, das die Soldaten stellte. Der Krieg entzog damit den Bauernhöfen wichtige Arbeitskräfte. Gleichzeitig waren die Bauern der Konkurrenz des aus den Provinzen billig eingeführten Getreides nicht gewachsen. Die Großgrundbesitzer stellten vom bisher weitverbreiteten Getreideanbau auf andere Pflanzkulturen um und spezialisierten sich. Es entstanden nun in Italien vor allem Oliven- und Weinplantagen, vielfach ging man zur Weidekultur über. Der Bauer war dieser Umstellung nicht gewachsen, ging oft bankrott und musste verkaufen, der Grund und Boden ging in die Hände der **Latifundienbesitzer** über, die vielfach aus dem Senatorenstand stammten, dem Handelsgeschäfte verboten waren, damit seine politische Integrität gewahrt blieb. Die Handelsgeschäfte tätigte die kapitalkräftige **Ritterschaft**, der zweite Stand in Rom. Der italische Handel war durch die Provinzen zum Welthandel expandiert, der Reichtum in großem

Maß nach Rom brachte. Diesem zunehmenden Reichtum auf der einen Seite stand die **Proletarisierung breiter Schichten** land- und besitzlos gewordener Bauern auf der anderen gegenüber. Die in dieser Zeit zunehmend aufkommende Industrie (Metallindustrie in Kampanien, Keramikindustrie in Etrurien usw.) nahm die arbeitslosen Massen nicht auf, weil sie durchwegs mit den rentableren Sklaven arbeitete. Das Proletariat, nun ein neuer dritter Stand, strömte deshalb in die Städte, vor allem nach Rom, wo es sich bessere Lebensmöglichkeiten erhoffte. Damit ging ein Riss durch die römische Gesellschaft. Die Einheit von *senatus populusque Romanus,* die offiziell weiterhin propagiert wurde, war zerbrochen: Den Senatoren und Rittern stand das Proletariat gegenüber. Zu dieser gesellschaftlichen Veränderung kam die kulturelle: Die hohe **Kultur der hellenisierten Provinzen** drang nach Rom. Das begann bei der Übernahme höherer Zivilisationsgüter, wie der Einfuhr von wertvollerem Essgeschirr, raffinierteren Speisen, dehnte sich auf die Geisteskultur aus, wo griechisches Denken mehr und mehr den römischen Geist prägte, und endete bei der Religion, wenn neue Gottheiten nach Rom transportiert wurden: So wurde etwa 204 v. Chr. der in Kleinasien verehrte schwarze Meteorstein der kleinasiatischen Kybele, der Magna Mater, der „großen Erdmutter", nach Rom gebracht, wo diese 191 ihren eigenen Tempel beziehen konnte. Selbstverständlich wurden ungezählte griechische Kunstwerke nach Rom verschleppt. Rom war mit griechischen Statuen wie mit „Jagdtrophäen", wie später der Grieche Plutarch (1. Jh. n. Chr.) sagt, angefüllt. Horaz hat die Situation mit seinem berühmten Satz: **„Graecia capta ferum victorem cepit"** („Das eroberte Griechenland unterwarf sich dem rauen Sieger", Horaz, Epistel 2,1, 156) treffend ausgedrückt. Damit war Rom in eine gesellschaftliche und geistige Krise geraten. Identitätsschwierigkeiten mussten die Folge sein: War man wirklich noch das Volk der Väter, deren Taten, geistige Haltung und Sitten von Naevius und Ennius besungen worden waren? Bargen nicht die mächtigen außenpolitischen Erfolge den größten Misserfolg heimlich in sich, den Verlust des eigenen Wesens? Diese **Krise** prägt die folgende Literatur.

11 Auseinandersetzung mit der griechischen Kultur

11.1 Cato

Marcus Porcius Cato Censorius, Roms erster lateinischer Prosaschriftsteller, stammt aus dem Landstädtchen Tusculum nahe bei Rom, dem heutigen Frascati, wo er 234 v. Chr. als Sohn eines Gutsbesitzers geboren wurde. Die Ämterlaufbahn des *homo novus* beginnt im Zweiten Punischen Krieg und führt den ehrgeizigen Mann nach einer steilen Karriere 195 zum Konsulat. Gekrönt wird seine Laufbahn 184 durch die Zensur: Das Amt des obersten Sittenwächters war Cato so auf den Leib geschnitten, dass er der berühmteste Zensor der römischen Geschichte wurde und mit seinem Amtstitel als Beinamen in sie einging: Sieben Senatoren wurden von dem militanten Konservativen, dem die Bewahrung altrömischer Sitte oberste Maxime war, aus dem Senat ausgestoßen, zahlreiche Männer aus dem Ritterstand. 149 v. Chr. stirbt Cato und erlebt damit die Zerstörung des von ihm immer gehassten Karthago (146 v. Chr.) nicht mehr, die er in seinem berühmten Satz *Carthago delenda est* sein Leben lang gefordert hat.

Tief überzeugt ist Cato von der zersetzenden Wirkung der griechischen Kultur auf den römischen Charakter, der sich für ihn im altrömischen Bauerntum gründet. Nicht von ungefähr ist gerade sein Lehrbuch über die Landwirtschaft, „De agricultura", erhalten, in dessen Proömium er die Vorfahren so zitiert:

> *Et virum bonum, quom laudabant, ita laudabant, bonum agricolam bonumque colonum.*
>
> Und einen tüchtigen Mann, wenn sie ihn lobten, lobten sie so, als einen guten Bauern und einen guten Landwirt.
>
> Cato: De agricultura, Proömium.

Für seinen Sohn schreibt er, um jeglichen griechischen Unterricht zu umgehen, ein eigenes Lehrbuch („Libri ad Marcum filium"), ein römisches Curriculum für die römische Jugend, in dem er das seiner Meinung nach für den römischen Jüngling nötige Bildungsgut zusammenstellt. An der Spitze steht auch hier die Landwirtschaft, es folgen Medizin, Rhetorik und das Kriegswesen.

Auch sein im hohen Alter verfasstes Geschichtswerk, die **„Origines"**, weist schon im Titel auf Catos Anliegen: Auf die „Ursprünge" kommt es ihm an, zu denen es zurückzukehren gilt. Er stellt hier in den ersten drei Büchern die Taten der römischen Könige und die frühe Entwicklungsgeschichte der italischen Stämme und Städte zusammen, in den Büchern 4 bis 7 behandelt er im Überblick die römische Geschichte vom Ersten Punischen Krieg bis zu seinem Todesjahr. Damit liegt die erste römische Geschichte in lateinischer Sprache vor.

Dieser Kämpfer gegen jegliche modernen Einflüsse und für die **„mores maiorum"**, die altväterliche Sitte, hat in vielen Reden vor allen möglichen Gremien seine Auffassungen vertreten. Cicero konnte noch über 150 ausfindig machen und sammeln. Damit steht Cato am Beginn der römischen Rhetorik. Cicero hat ihn hoch geschätzt:

> *Quis illo gravior in laudando? Acerbior in vituperando? In sententiis argutior? In docendo disserendoque subtilior?*
>
> Wer ist eindrucksvoller als er beim Lob? Schärfer im Tadel? Bei seinen Formulierungen präziser? Bei der Darlegung und Erörterung klarer?
>
> Cicero: Brutus 65.

Ciceros Charakterisierung geht von den in der römischen Rhetorik so wichtigen drei *genera dicendi* aus, dem *genus grave,* dem *genus subtile,* dem *genus mixtum.* Cato ist *gravis in laudando, acerbus in vituperando,* d. h. wuchtig und eindringlich im Vortrag, was dem *genus grave* entspricht, das den Zuhörer überrumpeln, mitreißen will (Ziel: *flectere, permovere).* Dem steht gegenüber, dass er *in sententiis argutus, in docendo disserendoque subtilis* war, d. h. bei der Darstellung des Sachverhalts nüchtern und klar, was dem *genus subtile* entspricht, dessen Aufgabe die eindeutige Information des Zuhörers ist (Ziel: *probare, docere).* Die dritte Art der Redeweise, das *genus mixtum,* die Mitte zwischen beiden haltend (Ziel: *delectare),* scheint Catos Charakter nicht gelegen zu sein.

Der Kampf Catos gegen griechischen Einfluss entstand nur aus der intensiven Auseinandersetzung mit eben der griechischen Kultur. Kein Zeitgenosse Catos hat wahrscheinlich so viele griechische Autoren gelesen wie er selbst, auch wenn er das heimlich tat. So ist auch Catos literarische Leistung in Auseinandersetzung mit dem Griechentum erwachsen, auch wenn er dies nie hätte wahrhaben wollen.

11.2 Der Scipionenkreis

Ganz anders wirkt griechischer Geist im sogenannten Scipionenkreis: **Cornelius Scipio Aemilianus** (185/184–129 v. Chr.) war der Sohn des Aemilius Paullus, des Siegers gegen Makedonien bei Pydna. Aemilius Paullus hatte seine Kinder sorgfältig erziehen lassen und beste griechische Lehrer für sie ausgewählt. Als einzige private Kriegsbeute hatte er aus Makedonien die große Bibliothek des Makedonenkönigs Perseus nach Rom gebracht und sie seinen Kindern geschenkt. Ganz im griechischen Geist erzogen, wurde Scipio Aemilianus später vom Sohn des Publius Cornelius Scipio Africanus, des Siegers über Hannibal, adoptiert und damit in eine Familie aufgenommen, die sich ebenfalls stark der griechischen Kultur geöffnet hatte. Als Scipio Aemilianus 146 v. Chr. Karthago zerstört hatte, erhielt er wie sein Großvater den Beinamen Africanus.

Cornelius Scipio Aemilianus

Scipio sammelt einen Kreis gebildeter Männer um sich, der in seiner Zusammensetzung schon sein Ziel zeigt: Ihm gehören so bedeutende Griechen an wie der Historiker Polybios, der 167 v. Chr. als eine von 1 000 griechischen Geiseln nach Rom kam, und der Stoiker Panaitios. Den Griechen stehen vornehme und gebildete Römer gegenüber wie die Konsuln C. Laelius und P. Rutilius Rufus, der Dichter Lucilius, der Historiker C. Fannius und der Naturwissenschaftler Aelius Tubero, ein Schüler des Panaitios, der eine meteorologisch-astronomische Schrift verfasst hat. In diesem Kreis kommt es zu einer **Verschmelzung nationalrömischen Geistes mit griechischer Kultur**, aus der eine **neue römische Humanität** wächst, die sich sowohl auf die eigenen Werte besinnt als auch eine weltoffene Geistigkeit pflegt, die den römischen Eroberer auch zum geistigen Führer der Welt machen soll.

Der Scipionenkreis hat die römische Geisteswelt geprägt wie später vielleicht nur noch der Maecenaskreis. Viele römische Schriftsteller stehen in seiner Tradition, Cicero hat sich immer wieder auf ihn berufen und ihm in „De re publica" ein schönes Denkmal gesetzt, indem er Scipio die Gesprächsführung übertragen hat.

11.3 Exkurs: Polybios

Wie sehr im Scipionenkreis auch das Römertum auf die Griechen wirkt, zeigt die vierzigbändige Geschichte des **Polybios** (geboren ca. 200 v. Chr.), deren Thema der bewunderungswürdige Aufstieg Roms zur Weltherrschaft ist. Einen Grund für die Kraft Roms sieht Polybios in der römischen **Mischverfassung** (6. Buch). Polybios meint, aus der Geschichtsbetrachtung einen Verfassungskreislauf erschließen zu können, der in allen Staaten mit einer gewissen Gesetzmäßigkeit ablaufe: Bei einer Staatsgründung bilde sich zunächst das Königtum, das dann zur Tyrannis entarte, es folgten die Aristokratie (Herrschaft der Besten), Oligarchie (Herrschaft einer Clique), Demokratie, Ochlokratie (Herrschaft des Pöbels), aus der wiederum das Königtum sich herausbilde, der Kreislauf beginne von Neuem. In der römischen Verfassung nun seien die drei Urverfassungen (erstmals beschrieben in der griechischen Geschichte Herodots, Buch 3,80 ff.) verbunden. Die Konsuln stellten das monarchische Element, der Senat das aristokratische und die Volksversammlung das demokratische dar. In dieser sinnvollen Verbindung liege die Stabilität der römischen Verfassung begründet, der Kreislauf ist durchbrochen. Polybios will **„pragmatische Geschichte"** schreiben, das heißt zweierlei: Zunächst gründet sich die Geschichtsschreibung ganz und gar auf Fakten, jede spekulative Theorie, die von außen an die Geschichte herangetragen wird, wird abgelehnt. Dann muss die Geschichtsdarstellung Nutzen bringen, der darin besteht, dass man aus der Vergangenheit Schlüsse auf die Zukunft ziehen kann. Dieser Pragmatismus des Polybios erscheint wenig griechisch, sondern ganz und gar römisch.

12 Lucilius und die römische Satire

Der im Scipionenkreis verkehrende Lucilius (ca. 180–103 v. Chr.) hat die typischste aller römischen Literaturgattungen geschaffen, die **Satire**. Von seinem dreißig Bücher umfassenden Werk sind nur Fragmente erhalten. In impressionistischer Lebhaftigkeit nimmt er zu allen Themen, die in seinen Gesichtskreis kommen, Stellung: Politik, Erotik, Literatur, Philosophie werden in seinen meist im Hexameter geschriebenen Satiren behandelt.

Quintilian, der im 1. Jahrhundert n. Chr. eine Redelehre verfasste („Institutio oratoria"), sagt: **„Satura quidem tota nostra est"** – „die Satire gehört ganz uns" (10,1,93), sie hat also kein griechisches Vorbild.

Man hat das Wort Satire auf die etruskische Wurzel *satr, satir: orare* („reden“) zurückgeführt: *Saturae* wären dann gleich *sermones,* Plaudereien („Sermones“: Titel der Horazsatiren). Diomedes, ein Grammatiker am Ende des 4. Jahrhunderts n. Chr., führt den Begriff auf einen lateinischen Ursprung zurück: Im Cereskult taucht eine *satura lanx* auf, eine Schüssel voll mit Erstlingen aus Feld und Garten, die der Göttin dargebracht werden, eine Art „bunter Teller“ also. Die Übertragung des Begriffs auf eine Sammlung vermischter Gedichte ist damit durchaus denkbar. So wird auch *satura* zunächst für eine Gedichtsammlung gebraucht und bezeichnet erst später das einzelne Gedicht (Horaz, Satire 2,6,17).

Der Satirendichter nimmt ganz persönlich (nicht notwendigerweise humoristisch) Stellung zu verschiedensten Tagesfragen wie zu philosophisch-moralischen Themen. Die negativ verzerrende, karikierende, spöttisch abwertende Darstellung der modernen Satire fehlt in der römischen weithin.

Formal zu unterscheiden ist die von Lucilius begründete **Verssatire** im Hexameter, die von Horaz, Persius (34–62 n. Chr.) und Juvenal (ca. 60–135 n. Chr.) fortgeführt wird, und die **Menippeische Satire** Varros im Prosimetrum (Mischung von Vers und Prosa), die auf den Kyniker Menippos von Gadara (3. Jh. v. Chr.) zurückgeht. Ihr ist auch die „Apokolokyntosis“ Senecas, die „Veräppelung“ des verstorbenen Kaisers Claudius, zuzurechnen. Bei Petron wächst sich die Satire in seinem „Satyricon“ zum Roman aus.

Römische Republik und Vorklassik: bis ca. 130 v. Chr.

Geschichte: In der langen Zeit vom Beginn der römischen Republik (ca. 510 v. Chr.) bis zum Ende des 2. Jahrhunderts v. Chr. wird Rom von einem ländlichen Mittelpunkt in Latium zur Herrin des Mittelmeerraumes und zur Weltstadt.
Nach dem Erringen der Vorherrschaft über Italien (280–275 v. Chr. Krieg gegen König Pyrrhus von Epirus) besiegt Rom die das westliche Mittelmeer beherrschende Stadt Karthago (264–241 und 218–201 v. Chr. Punische Kriege). Die sich daran anschließende Eroberung des griechischen Ostens (168 v. Chr. Schlacht von Pydna, 146 v. Chr. Zerstörung von Korinth und Karthago) ist mit dem Erwerb der Provinz Asia (Kleinasien) 133 v. Chr. abgeschlossen.

Literatur: In der Auseinandersetzung mit der überlegenen griechischen Kultur bildet sich die lateinische Sprache von einer gesprochenen Alltagssprache langsam zu einer leistungsfähigen Literatursprache heran, auf der dann die Klassik, aus der erstmals (mit Ausnahme von Catos „De agricultura") Werke überliefert sind, aufbauen kann.

Autoren und Werke: Während am Anfang Werke in griechischer Sprache stehen (Geschichtswerke der Annalisten), dann Übertragungen griechischer Werke ins Lateinische folgen („Odusia" des Livius Andronicus, Komödien des Plautus und Terenz), entwickelt sich schließlich, meist in Anlehnung an die griechischen Vorbilder, eine eigenständige lateinische Literatur (Epen des Naevius und Ennius, Satire des Lucilius, „Origines" Catos). Gleichzeitig werden so die wichtigen literarischen Gattungen für spätere Nachfolger vorgeformt (Geschichtsschreibung, Drama, Epos, Satire).

Krise der Republik und Klassik: die Zeit Ciceros

1 Von den Gracchen bis zu Caesars Ermordung: das Zeitalter der „Römischen Revolution"

Lange wurde die gefährliche innenpolitische Situation, die durch die **Proletarisierung des staatstragenden Bauerntums** entstanden war, von den führenden Kreisen in Rom nicht zur Kenntnis genommen. Grell dringt sie eines Tages in das Bewusstsein eines vornehmen jungen Mannes: **Tiberius Sempronius Gracchus** fällt auf einem Spanienfeldzug auf, dass das Land in Oberitalien überall von Ausländern bestellt wird, während in Rom ein arbeitsloses Proletariat um seine Existenz bangt. Bald erscheinen ihm Reformen zur Lösung des Problems dringend notwendig.

133 v. Chr. ist Tiberius bereits Volkstribun und legt der Volksversammlung Gesetzesanträge vor: Der *ager publicus,* das im Laufe der italischen Kriege vom Staat annektierte und meist an Großgrundbesitzer verpachtete Land soll zum Teil in Parzellen zu je 30 Morgen an das Proletariat ausgegeben und dieses so wieder an die Scholle gebunden werden. Sein Amtskollege Marcus Octavius legt gegen diese Ackergesetzgebung sein Veto ein, wird aber vom zur Unterstützung des Tiberius nach Rom strömenden Landvolk abgesetzt, widerrechtlich, da ein gewählter Magistrat während seiner Amtszeit nicht abberufen werden kann. Bei der Tribunenwahl für das Jahr 132 werden Tiberius und 300 seiner Anhänger erschlagen. Damit ist der Bürgerkrieg ausgebrochen, der das nächste Jahrhundert maßgebend bestimmen sollte.

123 ist der Bruder des Tiberius, **Gaius Gracchus**, Volkstribun und nimmt die Ackergesetzgebung neu in Angriff. Bei ausbrechenden Unruhen werden 3000 Anhänger des Gaius erschlagen, er selbst wählt den Freitod. Um weiteren Unruhen vorzubeugen, macht man den bisher gepachteten *ager publicus* kurzerhand zum Privateigentum, an den innenpolitischen Problemen ändert das nichts.

In Rom stehen sich nun zwei Parteien gegenüber: Die **Popularen**, die durch Reformen die Not breiter Volksmassen abbauen wollen, und die konservativen Kreise, denen jede Neuerung als Umsturz erscheint, die sich selbst als **Optimaten** („die Besten") verstehen.

107 v. Chr. wird der **Populare Marius**, ein unbestechlicher Mann und begabter Militär, im Krieg gegen den Numiderfürsten Jugurtha zum Konsul gewählt. 104 wird er erneut zum Konsul berufen, da es gilt, die ins Reich eingedrungenen Germanenhaufen der Cimbern und Teutonen abzuwehren. 100 ist Marius bereits zum sechsten Mal Konsul, obwohl der Verfassung nach zwischen zwei Konsulaten zehn Jahre liegen müssen. Zunehmende **Verfassungsbrüche** kennzeichnen die Lage, was zeigt, dass die bisherige Verfassung der Situation nicht mehr angemessen ist.

Marius geht einen neuen Weg in der Proletariatsfrage. Seine **Heeresreform** macht aus dem Milizheer (Heer der wehrpflichtigen Bürger) ein Berufsheer und öffnet damit dem Proletariat eine neue Laufbahn. Ein bleibendes Problem wird nun die Veteranenversorgung, die damals nur durch Landzuteilungen möglich ist.

Bald hat Rom sich mit ganz Italien auseinanderzusetzen: 91–89 v. Chr. erkämpfen sich die **italischen Bundesgenossen** endlich das römische **Bürgerrecht** und damit die politische Gleichberechtigung.

Kaum ist dieser Krieg durch eine staatsrechtliche Reform beendet, wird an der Provinz Asia die Gefährdung der Provinzen exemplarisch deutlich. Auf Anstiften des Mithridates, des Königs des Reiches Pontos am Schwarzen Meer, bringen die Bewohner der Provinz Asia im Jahr 88 in einer Nacht **(Blutbefehl von Ephesos)** alle in der Provinz lebenden Römer um. Obwohl dem Konsul **Sulla**, einem Optimaten, die Kriegsführung zusteht, beruft das Volk, wiederum gegen die Verfassung, Marius zu seinem Feldherrn. Sulla muss sich mit Gewalt in Rom den Oberbefehl sichern: 10 000 Gefallene sind das Ergebnis. Der Blutzoll steigt langsam ins Maßlose.

Während der Abwesenheit Sullas im Osten führt der Populare Cinna von 87–84 ein Schreckensregiment in Rom, 84 wird er von seinen eigenen meuternden Soldaten erschlagen. Als Sulla 82 siegreich aus Kleinasien zurückkehrt, muss er sich wiederum mit Waffengewalt den Zugang nach Rom verschaffen. 82–79 ist Sulla Diktator, selbstverständlich gegen die Verfassung. Mehr und mehr wird die Herrschaft des Bürgers durch die sich auf ihre Soldaten stützenden Feldherrn abgelöst.

Doch noch nicht genug der Probleme, die plötzlich virulent werden. 73–71 kann nur unter Aufbietung aller Kräfte ein **Aufstand der italischen Sklaven unter Spartacus** niedergeknüppelt werden. Zur gleichen Zeit hat im Mittelmeer die Seeräuberplage wieder einmal so zugenommen, dass der römische Handel in Gefahr gerät. **Pompeius** erhält im Jahr 67 ein **„imperium extraordinarium“** zur Bekämpfung der Seeräuber, d. h., ihm wird konsularische Gewalt für eine bestimmte Aufgabe übertragen. Hier zeigt sich, dass die gewöhnlichen Magistrate nicht mehr in der Lage sind, die Aufgaben des Gesamtreiches zu bewältigen. Pompeius entledigt sich in kurzer Zeit erfolgreich seines Auftrags. 66–63 wird ihm erneut ein „imperium extraordinarium" zur „Neuordnung des Ostens" übertragen: Alle östlich Roms stehenden Truppen sollen ihm unterstehen, er hat volle politische Handlungsfreiheit in Vorderasien. Mehr und mehr geht staatliche Macht von den Magistraten über auf starke Einzelpersönlichkeiten. Die wichtigsten Taten des Pompeius im Osten sind die Siege gegen Mithridates von Pontos und die Absetzung des letzten Seleukiden, Antiochos' XIII., in Syrien. Pontos-Bithynien und Syrien werden römische Provinzen. Interessant ist die Reaktion in Rom bei der Rückkehr des erfolgreichen Pompeius: Auf Betreiben des Wortführers der Optimaten, M. Porcius Cato, eines Nachkommen des großen Cato Censor, wird weder die Neuordnung des Ostens vom Senat anerkannt noch die Versorgung der Veteranen des Pompeius genehmigt. Porcius Cato erklärt, dass jede derartige Bestätigung einen weiteren Schritt zur Alleinherrschaft und zum Verlust der republikanischen Freiheit bedeute.

Im Jahr 63, dem Konsulatsjahr Ciceros, zettelt **Catilina** nach dreimaliger vergeblicher Bewerbung um das Konsulat eine **Verschwörung** an. Catilina entstammte dem römischen Hochadel, war hoch verschuldet und betrieb den Umsturz vor allem aus egoistischen Gründen. Bezeichnend ist, dass sich unter seinen Anhängern viele Söhne des Hochadels befinden, die sich nicht mehr mit der Republik identifizieren, sich aus Überdruss an einem verwöhnten Luxusleben dem Abenteuer der Revolution verschreiben. Bevor Rom in Flammen aufgeht und zahlreiche Bürger ermordet werden, kann Cicero die Revolution niederschlagen.

Nun tritt **C. Iulius Caesar** in den Mittelpunkt des politischen Geschehens. Aus uralter, hochadliger Familie stammend, war er auch verwandt mit den Popularen Marius und Cinna. Das bestimmte seine politische Richtung. 60 kommt es zum **Triumvirat von Caesar, Pompeius** und dem reichen **Crassus** einem privaten Dreimännerbund zur Durchsetzung politischer Ziele.

59 v. Chr. ist Caesar Konsul. Rasch und sicher geht er die Probleme der Zeit an: Die Neuordnung des Ostens durch Pompeius wird bestätigt, das Agrarprogramm der Gracchen wird durch Ansiedlung von Veteranen und Proletariern wieder aufgenommen, strenge Vorschriften gegen Steuerwucher und Ausbeutung in den Provinzen werden erlassen. Hierauf lässt sich Caesar unter Umgehung des Senats durch Volksbeschluss die Provinz Gallia Cisalpina übertragen, von wo er mehr oder weniger auf eigene Faust das ganze Gallien jenseits der Alpen unterwirft, das heutige Frankreich. 51 – Caesar ist immer noch in Gallien – wird die neue **Provinz Gallien** offiziell konstituiert. Pompeius, der sich

unter dem Eindruck der wachsenden Macht seines ehemaligen Kollegen mehr und mehr den konservativen Senatskreisen zuwendet, ist im Jahr 52 *consul sine collega*. Als Caesar eine Bewerbung ums Konsulat in Abwesenheit abgeschlagen wird, überschreitet er 49 mit seinem geübten und schlagkräftigen Heer den Rubicon in Oberitalien. Damit ist erneut der **Bürgerkrieg** ausgebrochen.

49 lässt sich Caesar in Rom vom Prätor Lepidus zum Diktator ernennen (Verfassungsbruch) und für 48 zum Konsul wählen. Nachdem er seine Stellung so politisch abgesichert hat, folgt er dem unter Pompeius' Führung nach Griechenland geflohenen Senatoren. 48 wird Pompeius bei **Pharsalus** in Thessalien vernichtend geschlagen. Als Caesar in Ägypten eintrifft, wohin Pompeius geflüchtet ist, lässt ihm der dortige König Ptolemaios XIII. den Kopf seines Gegners überreichen. Caesar setzt Ptolemaios ab und übergibt die Herrschaft dessen Schwester Kleopatra, seiner Geliebten. 46 werden die Reste der Optimaten bei Thapsus südlich Karthagos geschlagen, M. Porcius Cato verübt in Utica Selbstmord.

45 lässt sich Caesar in Rom für zehn Jahre zum Diktator ernennen, bald zum Diktator auf Lebenszeit. Die Veteranenversorgung wird wieder aufgenommen, durch Staatsbauten, Koloniengründungen und Gesetze (so muss etwa ein Drittel der Arbeiter in der Weidewirtschaft aus Bürgern bestehen) wird versucht, die Arbeitslosigkeit des Proletariats einzudämmen. Viele Provinzbewohner erhalten das römische Bürgerrecht, in den Senat werden viele Italiker und Provinzialen aufgenommen. Er sollte nicht mehr von der stadtrömischen Aristokratie beherrscht werden, sondern die Elite aus ganz Italien und den Provinzen darstellen.

Als **Caesar** einen Feldzug gegen die immer gefährlicher werdenden Parther, gegen die Crassus 53 bei Carrhae gefallen war, in Angriff nimmt (Grenze ist der Euphrat), wird er **44 v. Chr.** von konservativ gesinnten Männern, die sich die Rettung der alten Republik zur Aufgabe gemacht haben, **ermordet**, die politische Lage ist damit konfuser als je zuvor.

Zusammenfassend lässt sich sagen: Das römische Weltreich hatte innen- und außenpolitische Probleme aufgeworfen, die nach Reformen riefen, aber von konservativen Kreisen weithin ignoriert wurden. Man meinte, mit dem altbewährten politischen Instrumentarium der *res publica* auch die neue Zeit bewältigen zu können. Der Ruf nach Rückkehr zu den Vätern war freilich Utopie. Längst überfällige **Reformen wurden unterlassen**. Andererseits wurde die Verfassung unter dem Zwang der Zeit mehr und mehr aufgeweicht, die **starke Einzelpersönlichkeit** drängt sich zunehmend in den Vordergrund. Die folgende Literatur ist nur vor dem Hintergrund des Bürgerkriegszeitalters und der steigenden Gefährdung der römischen Republik zu verstehen.

2 Der Beginn der römischen Wissenschaft: Varro

M. Terentius Varro (116–27 v. Chr.) hat in seinem langen Leben das gesamte **Zeitalter der „Römischen Revolution“** miterlebt. Aus Gutsbesitzerkreisen im sabinischen Reate stammend, erhält er seine Erziehung in Rom, wo er später auch wichtige Staatsämter bekleidet (86 Quästor, um 70 Volkstribun, 68 Prätor). Er steht dem Pompeius besonders nahe, in dem er den Garanten für die Erhaltung der römischen Republik sieht. Nach der Schlacht von Pharsalus wird er von Caesar begnadigt und 47 zum **Reichsoberbibliothekar** ernannt. Seine Lebensaufgabe sieht Varro in der Erforschung und Darstellung der römischen Kulturgeschichte, die er in etwa 74 Schriften mit mehr als 600 Büchern beschreibt, wobei er sich in seiner Methode die griechische Wissenschaft zum Vorbild nimmt, vor allem die Gelehrten der peripatetischen Schule[3] und die des hellenistischen Alexandria.

Seine umfangreichen Studien legt Varro in den **„Antiquitates rerum humanarum et divinarum“** nieder, die alle Bereiche der römischen Vergangenheit umfassen: Geschichte, Recht, Sitte, Religion, Kult. Sie wurden in Rom zum wichtigsten Nachschlagewerk über die eigene Vergangenheit, die augusteische Erneuerungsbewegung verdankt ihnen viel.

In den ersten sieben Büchern der „Disciplinae“ gibt Varro einen Überblick über den seit der griechischen Klassik gängigen Bildungskanon der Antike, die später sogenannten *Septem artes liberales,* die sieben freien Künste, vergleichbar heute etwa den Hauptfächern des Gymnasiums. Die *Septem artes liberales* bestehen aus zwei Abteilungen: Dem Quadrivium („Vierweg“: Arithmetik, Astronomie, Geometrie, Musik) und dem Trivium („Dreiweg“: Grammatik, Rhetorik, Dialektik). In einem 8. und 9. Buch behandelt Varro noch die Medizin und die Architektur. In den beiden Werken „De poetis“ und „De poematis“ („Über die Schriftsteller“ und „Über die Literatur“) stellt Varro die Personen und Fakten der bisherigen römischen Literaturgeschichte zusammen. Mit seinen Menippeischen Satiren (siehe S. 19), die eher aus dem Tagesgeschehen entstanden sind, macht Varro eine neue Gattung in der römischen Literatur heimisch. Sie zeichnet sich durch die Buntheit ihrer Stoffe und ihre satirische Darstellungsweise aus. Verse mischen sich mit Prosa *(Prosimetrum),* eine oft enthaltene moralische Lehre orientiert sich gern „an der guten alten Zeit“.

Leider sind von dem umfangreichen Werk Varros nur die „Res rusticae“, ein Werk über „Landwirtschaft“, und teilweise „De lingua Latina“ erhalten, und wir müssen Cicero glauben, der Varro so seinen Dank aussprach: „Uns, die wir

3 Peripatos: Schule des Aristoteles.

in unserer Stadt gleich Gästen aus der Fremde umherirrten, haben deine Schriften gewissermaßen wieder nach Hause zurückgeführt, dass wir endlich einmal erkennen konnten, wer und wo wir seien. Du hast uns das Alter unserer Vaterstadt gelehrt und die Chronologie geordnet, du hast das Sakral- und Priesterrecht, die Staats- und Privateinrichtungen in Kriegs- und Friedenszeiten, Topografie und Chronografie, aller im Himmel und auf Erden befindlichen Dinge Bezeichnungen, Arten, Wirkungskreis und Ursachen dargelegt und hast uns außerdem noch reichste Aufklärung über unsere Dichter sowie überhaupt über die gesamte lateinische Literatur und Sprache verschafft." (Cicero: Academica 1,9)

3 Rhetorik

Die Rhetorik, die Wissenschaft der kunstvollen Rede, die in Rom von Cicero zu ihrem Höhepunkt geführt wurde, hat ihre beiden kräftigsten Wurzeln in Griechenland: in der **griechischen Sophistik**[4] und in der **attischen Demokratie**. Ihre Entstehungszeit und gleichzeitig ihre erste Blütezeit ist die zweite Hälfte des 5. Jahrhunderts v. Chr.

Die **griechische Sophistik** ist eine moderne, antikonservative Aufklärungsbewegung, die im Vertrauen auf die Kompetenz des eigenen Verstandes nach neuen Maßstäben in der Religion, in der Ethik, in den Wissenschaften und im staatlichen Zusammenleben der Bürger sucht. Dabei wird in einem geschliffenen Verstand vor allem das pragmatische Mittel zur Durchsetzung des „Machbaren" im weitesten Sinne gesehen.

Protagoras aus Abdera (gest. um 410 v. Chr.) kümmert sich ganz im Gegensatz zur Mehrzahl seiner frommen Zeitgenossen nicht mehr um die Götter, von denen er sagt, ihre Existenz könne weder bewiesen noch geleugnet werden, entwirft aber im Auftrag des großen attischen Staatsmannes Perikles die Verfassung für die von Athen in Süditalien geplante Musterkolonie Thurioi (gegründet 444/443 v. Chr.). Der Athener **Kallikles** lehrt den Vorrang eines Naturrechts des Stärkeren vor dem einengenden Zwang überholter staatlicher Gesetze. **Hippias von Elis** (ca. 460–400 v. Chr.) versucht, in einer großen Enzyklopädie einen Überblick über alle Wissenschaften seiner Zeit zu geben, er ist damit ein früher Vorläufer der Enzyklopädisten der französischen Aufklärung, ein griechischer Diderot.

4 Griech. *sophistes* kommt von *sophos:* klug, weise; ein Sophist wäre in etwa ein seinen Verstand selbstbewusst und geschickt einsetzender Denker und Lehrer.

Von den Sophisten wird viel geschrieben und gesprochen, sie interessieren sich auch für das Funktionieren und die Macht des Wortes, der Sprache: **Prodikos von Keos** (zweite Hälfte des 5. Jh. v. Chr.) schreibt eine Synonymik, ein Lehrbuch von der Wortbedeutung, Protagoras eine „Kunst der Streitrede". Von Protagoras stammt der berühmte Satz, dass es darauf ankomme, „das schwächere Wort zum stärkeren zu machen", was von Cicero folgendermaßen ins Lateinische übersetzt wird:

> *Protagoras ... aliique multi temporibus eisdem docere se profitebantur arrogantibus sane verbis, quemadmodum causa inferior – ita enim loquebantur – dicendo fieri superior posset*
>
> Protagoras ... und viele andere aus derselben Zeit behaupteten, freilich reichlich anmaßend, sie würden lehren, wie die schwächere Sache – so nämlich drückten sie sich aus – durch Reden zur überlegenen gemacht werden könne.
>
> Cicero: Brutus 30.

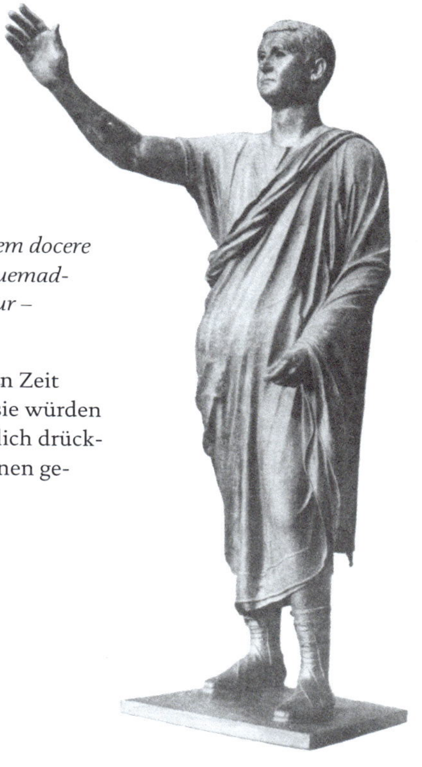

Der römischer Redner Aulus Metellus, gekleidet in der Toga, der römischen Nationaltracht. Er hat den Arm und den Blick auf die Zuhörer gerichtet – auch die Gestik ist Teil der Rhetorik.

Von Aristoteles (384–322 v. Chr.) wurde diese in der Sophistik erstmals formulierte grundlegende Maxime der Rhetorik später ganz im Sinne seines großen Lehrers Platon strikt abgelehnt. Er schreibt in seinem Lehrbuch über Rhetorik (1,2), das Ziel des Redners müsse es sein, „von jedem Gegenstande das (wirklich) Glaubhafte zu sehen" und darzustellen. Der Redner muss nach Aristoteles mit begründeten Argumenten überzeugen, er darf nicht mit Scheinargumenten überreden wollen. Jedenfalls wurden sich die Sophisten erstmals der Macht des Wortes bewusst, das sie gezielt einsetzten. Sie wurden die Begründer der Rhetorik.

Die meisten Sophisten lehrten in **Athen**, das damals alle großen Geister geradezu magnetisch anzog, das die **Wiege der europäischen Demokratie** war. Hier liegt die zweite Wurzel der Rhetorik. Die von gleichberechtigten Bürgern besetzten wichtigen politischen Gremien (30 000 Bürger in der Volksversammlung, 6 000 Bürger im Volksgerichtshof, 500 Ratsherren) stellten eine breite Zuhörerschaft für rhetorisch formulierten politischen Rat dar. **Politik und Rhetorik** paaren sich in der Demokratie. Die politisch einflussreichsten Männer Athens im 5. und 4. Jahrhundert waren Redner: Perikles im 5. Jahrhundert, der die Stadt fast ein halbes Jahrhundert lenkte und führte und zum unbestritten „ersten Mann" im Staat (Thukydides) aufstieg; im 4. Jahrhundert Demosthenes, dessen Ziel es war, Griechenland zu einem einheitlichen Staat zu machen, der dem großen Gegner Philipp von Makedonien gewachsen sein sollte. Überhaupt werden im 4. Jahrhundert die Begriffe Rhetor und Politiker identisch, man sagte in Athen „Redner", wenn man Politiker meinte.

Der erste große Rhetoriklehrer Griechenlands war **Gorgias von Leontinoi** auf Sizilien, ein guter Redner sowie geschätzter Diplomat seiner Heimatstadt, der sich im Jahre 427 v. Chr. als Gesandter in Athen aufhielt. Er durchzog als Wanderredner und Wanderlehrer ganz Griechenland, gewann überall Schüler und wurde so reich, dass er in Delphi eine massiv goldene Statue von sich selbst aufstellen konnte (Cicero, De oratore 3,129). Gorgias, der zu Beginn des 4. Jahrhunderts im Alter von 109 Jahren gestorben sein soll, schrieb ein großes Lehrbuch über Rhetorik, das, lange Zeit ein maßgebendes Schulbuch, heute verloren ist.

Im 4. Jahrhundert blühte die Rhetorik bereits in Theorie und Praxis in ganz Griechenland und Kleinasien. Berühmt waren die Redner Athens, von denen man gegen Ende des 2. Jahrhunderts v. Chr. einen Kanon der **„Zehn attischen Redner"** zusammenstellte. Ihre Originalreden zeigten wahrscheinlich mehr pädagogische Wirkung als die oft recht trockenen theoretischen Werke zur Rhetorik. Cicero übertrug noch im Jahr 46 v. Chr. die „Kranzrede", in der Demosthenes einen Ehrenkranz für seine Verdienste um den Staat forderte, zur Übung ins Lateinische.

Neben Demosthenes seien aus dem Corpus der „Zehn attischen Redner" noch Lysias und Isokrates genannt: **Lysias**, der für zahlende Kunden Gerichtsreden schrieb und für seine „Ethopoiia" (von griech. *ethos:* der Charakter), die genaue Charakterzeichnung seiner Klienten, die ihre Reden selbst sprechen mussten, berühmt ist; **Isokrates**, ein Schüler des Gorgias, der in Athen eine Rhetorenschule gründete, in der er in Kursen von drei bis vier Jahren Redner ausbildete, und der in seinen großen Musterreden (z. B. „Über den Frieden"; „Philippos" an König Philipp von Makedonien) auch politische Ratschläge gab und dabei zum „Vollender der griechischen Kunstprosa" wurde (Norden, Kunstprosa I 113). Lysias wurde später das große Vorbild der **„Attizisten"**, die sich seit dem Ende des 2. Jahrhunderts v. Chr. gegen die Auswüchse des sogenannten **„Asianismus"** wandten, eines vor allem von in Kleinasien lehrenden

Rhetoren bevorzugten Stils, der manchmal überladen und fast geschwollen wirkte, andererseits den Zuhörer mit kurzen, zerhackten Sätzen überrumpeln wollte. Die Attizisten zogen die Klarheit und Nüchternheit des Lysias dem Manierismus der Asianer vor. Sein eigener Rhetoriklehrer, Apollonios Molon auf Rhodos, wie „die Rhodier" insgesamt, nahm nach Cicero (Brutus 51) eine Mittelstellung zwischen den Attizisten und den Asianisten ein.

Cicero war einer der unzähligen römischen Studenten, die in Griechenland studierten. Auch in der Rhetorik waren die Griechen wie auf allen geistesgeschichtlichen Gebieten bis in die Kaiserzeit hinein die Lehrmeister der Römer. Von überragender Bedeutung war hier der Redelehrer **Hermagoras aus Temnos** (2. Jh. v. Chr.), dessen sechs Bücher über Rhetorik zwar „staubtrocken" (Tacitus, Dialogus de oratoribus 19, 3) gewesen sein sollen, die aber zur Grundlage des rhetorischen Unterrichts in der römischen Republik geworden sind. Zu den eigentlichen Schul- und Lehrbüchern der Rhetoren in der Kaiserzeit wurden die Werke des **Hermogenes von Tarsos** (ca. 160–225 n. Chr.), die immer wieder von Neuem abgeschrieben und kommentiert wurden. Der Stellenwert der Rhetorik in der Kaiserzeit zeigt sich auch in der Tatsache, dass den bedeutenden Rhetoren **M. Cornelius Fronto** (ca. 100–175 n. Chr., aus Numidien in Nordafrika stammend) und **Herodes Atticus** (101–177 n. Chr.) unter dem Kaiser Antoninus Pius die Erziehung der kaiserlichen Prinzen übertragen wurde.

Bei der Entwicklung der römischen Rhetorik spielte freilich neben der vor allem griechischen Theorie das praktische Beispiel der für den Staat handelnden und sprechenden Vorfahren **(exempla maiorum)** und Zeitgenossen eine wichtige Rolle. Der ehrgeizige junge Römer begab sich in der Zeit der Republik bei seiner Ausbildung gewissermaßen in die Lehre eines berühmten Staatsmannes und Redners, den er bei seinen öffentlichen Auftritten begleitete, um ihm zuzuhören und so aus der Praxis zu lernen.

Bedeutende Reden wurden aufgeschrieben und überliefert. Die älteste fassbare Staatsrede ist die des Appius Claudius Caecus gegen den Frieden mit Pyrrhus (280/279 v. Chr.). Berühmt und viel gelesen waren die **Reden des M. Porcius Cato**, des Zensors vom Jahre 184 v. Chr., der seine Reden selbst herausgab. Cicero lagen noch 150 Cato-Reden vor. Obwohl Cato, der „Griechenfresser", griechische Bildung ablehnte, dürfte auch er von griechischer Theorie nicht ganz unbeleckt gewesen sein, auch wenn er das nicht zugab. Sein berühmtes Motto *Rem tene, verba sequentur,* das meint, wenn man nur die Sache, über die man spreche, im Auge halte, würden die Worte schon von selbst folgen, wird von seinen eigenen kunstvollen Reden widerlegt. Man braucht z. B. nur die Rede gegen die Aufhebung der Lex Oppia, das im Zweiten

Punischen Krieg erlassene Notstandsgesetz, nachzulesen, die Livius (Ab urbe condita 34,1 ff.) überliefert oder Cato in den Mund legt.

Auch die beiden Redner, die Cicero als die hervorragendsten Redner der Generation vor seiner eigenen Zeit rühmt, **M. Antonius Rufus** und **L. Licinius Crassus**, verbargen ihre griechische Bildung lieber, als sie herauszukehren.

Cicero freilich, der nach seinem Sieg gegen **Q. Hortensius Hortalus** (114–50 v. Chr.) im Prozess gegen den korrupten Statthalter von Sizilien, Verres, unbestritten der erste Redner Roms war, schämte sich seiner griechischen Bildung nicht, er wurde der Staatsmann, Redner und Schriftsteller, der griechische Bildung und römische Geisteshaltung ganz bewusst zu einer Einheit verbunden hat.

Ciceros Ideal des vollkommenen Redners ist der **„orator doctus"**, der allseits gebildete Redner. Nicht nur rhetorische Mittel, sondern die Persönlichkeit und geistige Physiognomie eines Redners prägen seine Rede entscheidend. Um überzeugend auftreten zu können, muss sich ein Redner um eine umfassende und tief gründende Bildung bemühen:

> *Legendi etiam poetae, cognoscendae historiae, omnium bonarum artium doctores atque scriptores legendi.*
>
> Er (der Redner) muss auch die Dichter lesen, er muss die Geschichtswerke studieren, er muss alle Lehrer und Schriftsteller der schönen Künste lesen!
>
> Cicero: De oratore 1,158.

Cicero lebte in der Zeit der ausgehenden Republik, in der die Staats- und Gerichtsrede noch ihren lebendigen Platz hatte. Seine Reden gegen Antonius – seine Philippica nach dem Vorbild des Demosthenes – sollten ihn das Leben kosten, er wurde von den Häschern seines siegreichen Feindes ermordet.

In der **römischen Kaiserzeit** hatte die Rede ihre politische Funktion verloren, Politik wurde nicht mehr durch überzeugende Argumente in der Volksversammlung oder im Senat durchgesetzt, allein der Wille des Kaisers zählte: Lobreden auf ihn wurden zu einer eigenen literarischen Gattung (Panegyricus: Preisrede).

Tacitus gibt in seinem **Dialogus de oratoribus** mehrere Gründe für den nun spürbaren Niedergang der römischen Rhetorik an: Neben der politischen Situation in der absoluten Monarchie die weltfremde Erziehung in den Schulen und die veränderte Situation in den komfortablen römischen Häusern der Vornehmen, in denen die Kinder nicht mehr von den Eltern erzogen würden, sondern unter ausländischen Sklaven, ihren Ammen, Erziehern und ersten Lehrern, aufwüchsen; außerdem das Fehlen lebendiger Vorbilder.

Und tatsächlich zog sich die Rhetorik in die Schule zurück, wurde dort aber zum den gesamten Unterricht prägenden Fach. Die **Rhetorenschule** wird gewissermaßen zum **Gymnasium** der Kaiserzeit. Einen Einblick in die Beredsamkeit geben uns die von Seneca dem Älteren (um 55 v. Chr.–40 n. Chr.), dem Vater des Philosophen Seneca, herausgegebenen zwei Sammlungen von Rhetorenreden: Die „Controversiae", 74 Reden zu fingierten Rechtsfällen, und die „Suasoriae", sieben Plädoyers für sinnvolles Handeln in komplizierten Situationen (z. B. Beratung Agamemnons vor der von der Göttin Artemis geforderten Opferung der Tochter Iphigenie). Es handelt sich um Schul- und Musterreden zu oft absurd fingierten Fällen, z. B. Controversiae 1,5: *Rapta raptoris aut mortem aut indotatas nuptias optet* (dies das fingierte Gesetz: „Ein geraubtes Mädchen kann entweder den Tod des Entführers oder eine Hochzeit ohne Mitgift mit ihm fordern"). *Una nocte quidam duas rapuit. Altera mortem optat, altera nuptias* (dies der am Gesetz zu interpretierende Tatbestand: „Eines Nachts raubte einer zwei Mädchen. Das eine fordert den Tod, das andere die Hochzeit"). Weil ehrgeizige Rhetoriklehrer ihre Musterreden auch in der Öffentlichkeit vor einem größeren Publikum vortrugen, hat man sie einmal „Konzertredner" genannt.

Ein bedeutender Lehrgang der Beredsamkeit ist uns erhalten: Die „Institutionis oratoriae libri XII" des um 30 n. Chr. in Calagurris in Spanien geborenen **Quintilian**. Quintilian ist um 100 n. Chr. gestorben. Sein Lehrgang beginnt mit der Elementarausbildung im ersten Buch und den Anfangsgründen rhetorischen Unterrichts im zweiten, fährt mit dem eigentlichen rhetorischen Lehrgang in den folgenden neun Büchern fort (3.–7. Buch: Erfindung und Anordnung des Stoffes, 8. Buch: Ausdruck, 9. Buch: Memorieren, 10. Buch: Exkurs: ein Leitfaden durch die griechische und römische Literatur, 11. Buch: Vortrag). Das zwölfte Buch handelt vom Ideal des vollkommenen Redners im Geiste Ciceros, den für Quintilian unbestrittenen Meister römischer Rhetorik.

Die Rhetorik, die in der Kaiserzeit die Bildung in Rom dominiert, wird ihre unbestritten wichtige Stellung dann auch im Mittelalter bewahren: Im **Bildungskanon der Septem artes liberales**, der sieben freien Künste, der erstmals von Martianus Capella (zweite Hälfte des 4. Jh. n. Chr.) aufgestellt wurde, hat sie ihren festen Platz im **Trivium**, im „Dreiweg", bestehend aus Grammatik, Dialektik (logische Durchdringung eines Themas) und Rhetorik. Das **Quadrivium**, der „Vierweg", besteht aus Geometrie, Astronomie, Arithmetik und Harmonie (Musik).

Zum Abschluss sei noch ein Überblick über die **rhetorische Systematik** gegeben, der zwar trocken ist und kaum einen Eindruck lebendiger Rede vermitteln kann, aber durch die Vorstellung der gebrauchten Fachtermini doch zeigt, worauf die Rhetorik, die Kunst der Rede, ihr Augenmerk richtete. Es werden die lateinischen Begriffe, die sich auf ursprünglichere griechische beziehen, verwendet.

1. Zunächst unterscheidet die Rhetorik drei **Arten von Reden** *(genera dicendi* oder *genera causarum):* die Gerichtsrede *(genus iudiciale),* die Beratungs- oder Staatsrede *(genus deliberativum)* und die Prunk- oder Festrede *(genus demonstrativum).*
2. Die Standardrede besteht aus **fünf Redeteilen:** der Einleitung (1: *exordium*), der allgemeinen Darstellung des Gegenstandes (2: *narratio* oder *propositio*), der Präzisierung des Sachverhaltes (3: *divisio* oder *partitio*), der Beweisführung (4: *argumentatio*), die ihrerseits wieder unterteilt wird in positive Beweisführung (4.1: *confirmatio* oder *probatio:* Bekräftigung des eigenen Standpunktes) und negative Beweisführung (4.2: *confutatio* oder *refutatio:* Zurückweisung des gegnerischen Standpunktes), dem Schluss (5: *peroratio* oder *conclusio*).
3. Es werden **drei Stilarten** (*genera dicendi:* dieser Begriff erscheint in verschiedener Bedeutung zweimal) unterschieden: der schlichte Stil *(genus subtile* oder *tenue* oder *humile),* dessen Ziel bloße Information ohne jeglichen rhetorischen Ehrgeiz ist *(probare, docere),* der mittlere Stil *(genus medium* oder *mixtum),* der angenehm ins Ohr geht, ohne stärkere Register zu ziehen (Ziel: *delectare*), und der erhabene Stil *(genus grande* oder *grave* oder *sublime),* der erregen und erschüttern soll und die Möglichkeiten rhetorischer Beeinflussung voll ausschöpft (Ziel: *flectere, permovere*).
4. Als bevorzugte **Stilqualitäten** *(virtutes dicendi)* werden genannt Sprachrichtigkeit *(latinitas* oder *puritas),* Deutlichkeit und Klarheit *(perspicuitas),* Angemessenheit *(aptum* oder *decorum),* was ein sehr weiter Begriff ist, da bei der Gewichtung des jeweils „Angemessenen" die Situation der Rede, die Persönlichkeit des Redners, das Thema, die Art der Zuhörer usw. berücksichtigt werden können, der Redeschmuck *(ornatus),* die Kürze *(brevitas).*
5. Die Hauptaufgaben oder **Arbeitsschritte des Redners** bei jeder einzelnen Rede *(officia oratoris* oder *elementa* oder *partes* oder *opera)* sind das Auffinden und Sammeln des Stoffes *(inventio),* die Stoffgliederung *(dispositio),* die Formulierung der endgültigen Rede *(elocutio),* das Auswendiglernen der fertigen Rede *(memoria)* und schließlich der Vortrag *(pronuntiatio* oder *actio).*

6. Der **Schmuck der Rede** *(ornatus)* besteht aus Tropen *(tropi:* uneigentlicher Gebrauch von Worten, z. B. die Metapher) und Redefiguren *(figurae:* der Begriff ist sehr weit und bezeichnet nach Quintilian, Institutio 9,1,4, „eine andere als die übliche und sich zunächst darbietende Gestalt der Rede", z. B. die Alliteration, die Antithese usw.). Hierzu gehören auch die sogenannten Klauseln, der rhythmische Schluss von Sätzen, z. B. im Creticus (– ∪ –) oder im doppelten Spondeus (– – – –) oder in der Verbindung zweier oder mehrerer Metren, z. B. Spondeus und Creticus (– – – ∪ –). Seit dem 4. Jahrhundert n. Chr. wird die quantitierende Klausel zunehmend durch die akzentuierende ersetzt: Dann wird der Begriff der Klausel durch den des Cursus ersetzt.
   Hier darf nicht vergessen werden, dass beim Vortrag einer antiken Rede auch die Gestik eine wichtige Rolle spielte, die vor dem Vortrag einstudiert wurde. Von einem gewissen L. Plotius Gallus (um 100 v. Chr.) ist der Titel „De gestu" überliefert. Selbst die in der Rede variierende Stimmhöhe wurde oft vor dem Vortrag schon festgelegt. So soll Gaius Gracchus – auch er ein bewunderter Redner – beim Reden einen Flötenspieler hinter sich gehabt haben, der ihm mit der Pfeife die jeweilige Tonhöhe angab.
7. Als **Voraussetzungen** *(praesuppositiones)* des Redners werden genannt seine Naturanlage *(natura* oder *ingenium),* seine Ausbildung und sein Wissen *(doctrina* oder *scientia* oder *ars)* sowie seine Erfahrung und Übung im Reden *(usus* oder *exercitatio).*
8. **Ausbildungsmethoden** sind Beherrschen von rhetorischer Theorie und Praxis *(ars),* Nachahmung von Vorbildern *(imitatio)* und eigene Übung *(exercitatio).*

4 Cicero

Marcus Tullius Cicero wurde 106 v. Chr. in dem kleinen Landstädtchen Arpinum nicht weit von Rom geboren, er entstammt dem Ritterstand. Auch er erhält seine Erziehung in Rom, wo er den Beruf des Redners und Anwalts anstrebt, der einem jungen Mann außerhalb des Senatorenstandes den Weg ins öffentliche Leben bahnen kann. Schon der Jüngling zeigt einen ausgesprochenen Bildungshunger. Zum Erlebnis wird ihm die Begegnung mit dem Oberhaupt der Akademie (Schule Platons), **Philon von Larisa**, der sich seit 88 in Rom aufhält und den Cicero immer als seinen eigentlichen Lehrer betrachtet hat. Von ihm wird er in die griechische Philosophie eingeführt.

Um seine in Rom gewonnene Bildung zu erweitern, begibt sich Cicero von 79–77 zum Studium nach Griechenland und Kleinasien, wo er in Athen sechs Monate den **Antiochos von Askalon** hört, den Nachfolger Philons in der Leitung der Akademie. Ebenfalls in Athen besucht er auf Anraten Philons die Vorlesungen des Epikureers Zenon von Sidon, eines philosophischen Gegners der Akademiker. Ein weiteres Schlüsselerlebnis werden neben den Vorlesungen des berühmten **Rhetorikers Molon**, der dem Asianismus nahesteht, die Vorträge des **Stoikers Poseidonios**, den Cicero auf Rhodos hört. Damit hat Cicero direkten Zugang zu drei der vier großen griechischen Philosophenschulen erhalten (die **Akademie Platons**, der **Peripatos des Aristoteles**, die **Stoa Zenons** von Kition, der **Kepos Epikurs**) und ist damit bei seiner Rückkehr nach Rom mit einem geistigen Rüstzeug versehen wie kaum ein Redner Roms sonst.

Marcus Tullius Cicero

Seinem Auftreten in Zivilprozessen folgen bald Strafprozesse, die ihn mit Staatsproblemen konfrontieren. Nachdem er 70 die Verurteilung des Verres, des korrupten Statthalters von Sizilien, gegen dessen Anwalt Hortensius, den berühmtesten Redner seiner Zeit, durchsetzt **(Verresreden)**, gilt er als der erste Redner Roms, die Ämterlaufbahn öffnet sich ihm. 69 wird Cicero Ädil, 66 Prätor, 63 erreicht der **„homo novus"** das **Konsulat**, um gleich in den Strudel der Politik gerissen zu werden: Cicero, der sich ganz der alten Republik und deren Anhängern, den Optimaten, verschreibt, gelingt es, die **Verschwörung Catilinas** aufzudecken und zu unterdrücken (Catilinarische Reden). Er fühlt sich auf dem Gipfel der Macht, aber schon ist die Gegenpartei am Zuge: Unter Duldung Caesars wird Cicero 58 vom Volkstribunen Clodius beschuldigt, römischen Bürgern (den Catilinariern!) das Provokationsrecht vor der Hinrichtung versagt zu haben. Er muss in die Verbannung nach Thessalonike und Dyrrhachion in Griechenland gehen, ein ungeheurer psychischer Schlag.

Als er 57 zurückkehrt, ist er politisch kaltgestellt. Er stürzt sich ganz in literarische Tätigkeit, der Anwalt und Politiker Cicero wird gewissermaßen zum Philosophen. 55 erscheint der Dialog „De oratore", in dem er den idealen Redner zeichnet, den **„orator doctus"**, den „gebildeten Redner", der sich nicht nur auf rhetorische Finessen versteht, sondern durch umfangreiches Wissen auf allen Gebieten seiner Rede Gehalt und Substanz gibt. Folgende Leitsätze legt er dem werdenden Redner ans Herz:

Legendi etiam poetae, cognoscendae historiae, omnium bonarum artium doctores atque scriptores legendi et pervolutandi et exercitationis causa laudandi … vituperandi.

Lesen muss man auch die Dichter, kennenlernen die Geschichtswerke, die Gelehrten und Schriftsteller aller schönen Künste sind zu lesen und zu studieren und der Übung halber positiv und negativ zu diskutieren.

Cicero: De oratore 1,158.

52 v. Chr. erscheint seine wichtige staatstheoretische Schrift **„De re publica“**, im Titel Platons Werk vom „Staat“ zitierend, die platonische, aristotelische und hellenistische Staatslehre (Polybios, Poseidonios) mit römischer Tradition zu einer imponierenden Einheit verbindet. In den ersten zwei Büchern (entsprechend dem ersten Gesprächstag des Dialogs) behandelt Cicero staatstheoretische Fragen. Wichtig ist gleich in der Vorrede die Betonung des Primats der Praxis vor der Theorie:

Nec vero habere virtutem satis est quasi artem aliquam, nisi utare; … virtus in usu sui tota posita est; usus autem eius est maximus civitatis gubernatio.

Es reicht nicht, Tüchtigkeit verfügbar zu haben wie irgendeine Kunst, wenn man sie nicht einsetzt; … die Tüchtigkeit liegt ganz in ihrer Ausübung; ihr vorrangiges Betätigungsfeld ist aber die Staatslenkung.

Cicero: De re publica 1,2.

Berühmt ist Ciceros Staatsdefinition geworden, Ausgangspunkt für viele spätere Staatsdefinitionen (z. B. Augustinus, De civitate dei 19,24; Hugo Grotius in „De iure belli ac pacis“):

Est igitur res publica res populi, populus autem non omnis hominum coetus quoquo modo congregatus, sed coetus multitudinis iuris consensu et utilitatis communione sociatus.

Es ist also der Staat Sache des Volkes, ein Volk ist aber nicht jede auf beliebige Weise zusammengescharte Ansammlung von Menschen, sondern die Verbindung einer Menge, die durch gleiche Rechtsauffassung und zum gemeinsamen Nutzen vereint ist.

Cicero: De re publica 1,39.

Nachdem Cicero eindringlich darauf verwiesen hat, dass die Staatsleitung nie von privatem Egoismus gelenkt sein darf, sondern immer das Gemeinwohl des Staates zu vertreten hat, beschreibt er die römische Mischverfassung als vorbildlich:

Placet enim esse quiddam in re publica praestans et regale,
esse aliud auctoritati principum impartitum ac tributum,
esse quasdam res servatas iudicio voluntatique multitudinis.

Es soll nämlich im Staat eine gewisse Führungsspitze geben, ein anderer Bereich soll der Autorität der Aristokratie überlassen werden, bestimmte Dinge aber dem freien Urteil der Menge anheimgegeben sein.

Cicero: De re publica 1,69.

Im 3. und 4. Buch (zweiter Gesprächstag) ist das Thema Recht und Gerechtigkeit; Cicero lässt Laelius das Recht gegen jeden positivistischen Relativismus, wie er etwa von Karneades, dem Leiter der platonischen Akademie 155–137 v. Chr., vertreten worden ist, in stoischem Geist definieren:

Est quidem vera lex recta ratio naturae congruens, diffusa
in omnes, constans, sempiterna, quae vocet ad officium.

Es ist wirklich das wahre Gesetz die mit der Natur in Übereinstimmung sich befindende unverfälschte Vernunft, an der alle Menschen Anteil haben, die festgegründet, ewig ist, die zur Pflicht ermahnt.

Cicero: De re publica 3,33.

Im 5. und 6. Buch (dritter Gesprächstag) behandelt Cicero den Staatsmann und schließt sein Werk mit dem berühmten „Somnium Scipionis“, einem Traum, in welchem dem idealen Staatsmann auch Belohnung im Jenseits verheißen wird. Leider ist uns Ciceros Dialog nur in Fragmenten erhalten, die sich vor allem in einer 1819 in der Vatikanischen Bibliothek entdeckten Handschrift finden.

Wiederum in Anlehnung an Platon („Nomoi“: Die Gesetze) lässt Cicero dem Werk vom Staat „De legibus“ folgen, worin er die Grundlagen der Gesetzgebung behandelt.

Als sich die Trennung des Pompeius von Caesar und seine Hinwendung zur Senatspartei abzeichnet, sieht Cicero seine politische Stunde gekommen. An der Seite der Optimaten gilt es für ihn, die Republik zu verteidigen. Alle Hoffnungen zerschlagen sich mit der Niederlage des Pompeius bei **Pharsalus im Jahre 48**. Zur politischen Enttäuschung kommt ein privater Schlag, als 45 seine geliebte Tochter Tullia stirbt. Cicero zieht sich wiederum ganz zu literarischem Schaffen zurück. Es entstehen die **philosophischen Werke** „Hortensius“, ein Vergleich zwischen Dichtkunst, Geschichtsschreibung, Redekunst und Philosophie, der sich zu einem Lobpreis der Philosophie steigert (zur Wirkung auf Augustinus siehe S. 109 f.), die „Academica“, in denen im Anschluss an Platon und seine Akademie Probleme der philosophischen Erkenntnislehre erörtert werden, dann „De finibus bonorum et malorum“, in dem Fundamentalfragen der Ethik behandelt werden. Es folgen die „Tusculanae disputationes“ (1. Buch: Über die rechte Einstellung zum Tod; 2. Buch: Über den Schmerz; 3. und 4. Buch: Über die rechte Einstellung zu den Affekten; 5. Buch: Über das Wesen der Glückseligkeit).

Zur Theologie geht Cicero in „De natura deorum“ über, in dem er die Standpunkte Epikurs, der Stoa und der Akademie zum Thema darstellt, in „De divinatione“, in dem die gegensätzlichen Standpunkte der Stoa und der Epikureer zur Weissagung behandelt werden, und in „De fato“.

Es folgen „Cato sive de senectute“ und „Laelius sive de amicitia“. Das Werk „De officiis“, erstmals nicht in Dialogform, ist eine Mahnschrift an seinen Sohn über das rechte Verhalten.

Zur **Rhetorik** äußert sich Cicero im „Brutus“, einem Überblick über die römische Beredsamkeit bis auf die eigene Zeit, und im „Orator“, in dem er sich unter Berufung auf sein Vorbild Demosthenes (maßgebender politischer Redner Athens im 4. Jh. v. Chr.) gegen die zwei Modeströmungen der Rhetorik seiner Zeit wendet, den Asianismus (ausgehend von Kleinasien; Hauptvertreter in Rom: Hortensius), der in überladenem, geschwollenem Stil oder kurzen, zerhackten Sätzen den Zuhörer fesseln will, und den Attizismus, der unter Berufung auf Lysias (Gerichtsredner Athens im 4. Jh. v. Chr.) und Lykurg (Politiker und Redner Athens im 4. Jh. v. Chr.) in übertriebenem Purismus auf jegliche rhetorische Finessen verzichtet. Cicero findet als Vermittler zur klassischen Schönheit, zur eleganten Periodisierung und geistvollen Fülle seiner Rede.

Nach der Ermordung Caesars glaubt Cicero zum letzten Mal, zum Retter des Staates berufen zu sein. In der Auseinandersetzung zwischen den beiden Erben, Octavian und Antonius, tritt er auf die Seite des jungen Octavian und schreibt seine erbitterten **Reden gegen Antonius**, die **„Philippica“**, betitelt in Erinnerung an Demosthenes' Reden gegen den Makedonenkönig Philipp. Als es zur Versöhnung zwischen den Gegnern kommt, fällt Cicero der Proskription (Ächtung) zum Opfer und wird 43 v. Chr. auf Befehl des Antonius ermordet. Sein Werk, das vor allem dem Mittelalter den Zugang zur Antike eröffnete, hat ihn überlebt, in seinen zahlreichen Briefen (**Briefe** an den Freund Atticus, an den Bruder Quintus, „Ad familiares“ – „An die Freunde“) blieb seine Persönlichkeit lebendig erhalten. Der Einfluss Ciceros auf die geistige

Entwicklung Europas ist kaum zu überschätzen, die lateinische Sprache ist maßgebend von ihm geprägt worden: „Tatsache ist, dass er nicht nur seinem eigenen Volk eine bestimmte sprachliche Form als Maßstab und Norm hinterlassen hat, sondern mit ihm und nach ihm auch dem ganzen lateinisch sprechenden und schreibenden Europa, bis tief in die Neuzeit“ (M. Fuhrmann, Geschichte der römischen Literatur).

5 Sallust

C. Sallustius Crispus (86–35 v. Chr.) ist ein überzeugter Anhänger Caesars, nachdem er erkannt zu haben glaubt, dass die **römische Nobilität**, die er für **entartet und korrupt** hält, die morbide römische Republik nicht mehr zu retten imstande sei. 50 erreichen seine Gegner seinen Ausschluss aus dem Senat, nach Caesars Sieg über die Optimaten unter Pompeius bei Pharsalus wird er rehabilitiert, wieder in den Senat berufen und schließlich zum Statthalter in der Provinz Africa gemacht. Nach der Ermordung Caesars sieht Sallust keine politische Zukunft mehr und schafft sich in der Geschichtsschreibung einen neuen Lebensinhalt. Freilich wird ihm der Wechsel aus dem Staatsdienst, der dem vornehmen Römer immer noch als die einzige angemessene Tätigkeit erscheint, zur Literatur problematisch: So ist die **Rechtfertigung seiner literarischen Arbeit** das Leitthema seiner „Proömien“ (Einleitungen). Nachdem er in den ersten zwei Kapiteln des „Catilina“ über den Vorrang geistiger Kräfte vor den körperlichen meditiert hat, fährt er im dritten fort:

Sallust

Sed in magna copia rerum aliud alii natura iter ostendit.
Pulchrum est bene facere rei publicae; etiam bene dicere
haud absurdum est: Vel pace vel bello clarum fieri licet:
Et qui fecere, et qui facta aliorum scripsere, multi laudantur.
Ac mihi quidem, tametsi haudquaquam par gloria sequitur
scriptorem et auctorem rerum, tamen inprimis arduum videtur
res gestas scribere.

Bei der großen Fülle von Betätigungsmöglichkeiten aber weist jedem die natürliche Veranlagung einen anderen Weg. Es ist schön, mit der Tat für den Staat zu wirken, aber auch mit dem Wort zu wirken, ist ganz in Ordnung; man kann im Frieden sowie im Krieg berühmt werden; wer selbst Taten vollbracht hat und auch wer über die Taten anderer geschrieben hat, findet vielfach Anerkennung.

Und wenn auch dem, der Geschichte schreibt, durchaus nicht der gleiche Ruhm folgt wie dem, der Geschichte macht, scheint es mir doch höchst schwierig, Geschichte zu schreiben.

Sallust: Catilina 3; Übersetzung von Lindauer.

Wichtig ist hier, dass für den Römer eigentliches Leben nur ruhmvolles Leben sein kann *(pulchrum est, clarum fieri licet, multi laudantur, par gloria sequitur)*, dann, dass die Gleichwertigkeit von historischer Persönlichkeit und ihrem literarischen Darsteller postuliert wird.

Zunächst stellt Sallust in **zwei Monografien** (Werke über ein begrenztes Thema) die Catilinarische Verschwörung („De coniuratione Catilinae") und den Krieg gegen Jugurtha („Bellum Jugurthinum") dar, dann folgen die „Historiae", eine römische Geschichte der nachsullanischen Zeit.

Eine raffiniert hergerichtete Römerin – so muss man sich vielleicht die von Sallust geschilderte Sempronia vorstellen.

In seinen Werken wird Sallust zum **Entdecker der Moral als einer politischen Kraft**. In unglaublicher Eindringlichkeit gibt er etwa im „Catilina" einen kurzen Überblick über die römische Geschichte (Catilina 5–13) unter dem Aspekt der moralischen Entwicklung: Der **politische Niedergang** Roms geht Hand in Hand mit dem zunehmenden **Sittenverfall**. Beispiel für die Verwahrlosung des Staates ist die Verschwörung des egoistischen Verbrechers Catilina. Für Sallust ist das Bürgerkriegszeitalter eine direkte Folge der moralischen Verwahrlosung der römischen Nobilität, als deren Hauptlaster er *avaritia* und *luxuria* sieht, wobei *avaritia* nicht bloße private Habsucht ist, sondern einen Egoismus signalisiert, der den Bürger vom Staat abkapselt: *Avaritia* ist die Trennung des Einzelnen vom Staat, der Verlust des Gemeinschaftsgefühls. *Luxuria* ist dann der private Überfluss, in dem der Bürger bloß noch seinem privaten Wohlsein lebt. Wie auf engstem Raum komprimierend, dennoch genau beobachtend und sicher analysierend Sallust darstellt – und dabei so packend, zeigt sein Kapitel über Sempronia, eine Anhängerin Catilinas und die erste Revolutionärin Europas, die wir kennen:

Sed in eis erat Sempronia, quae multa saepe virilis audaciae facinora commiserat. Haec mulier genere atque forma, praeterea viro liberis satis fortunata fuit; litteris Graecis Latinis docta, psallere saltare elegantius quam necesse est probae, multa alia, quae instrumenta luxuriae sunt. Sed ei cariora semper omnia quam decus atque pudicitia fuit: Pecuniae an famae minus parceret, haud facile discerneres: Libido sic accensa, ut saepius peteret viros quam peteretur. Sed ea saepe antehac fidem prodiderat, creditum abiuraverat, caedis conscia fuerat: Luxuria atque inopia praeceps abierat. Verum ingenium eius haud absurdum: Posse versus facere, iocum movere, sermone uti vel modesto vel molli vel procaci; prorsus multae facetiae multusque lepos inerat.

Übrigens befand sich unter ihnen auch Sempronia, die schon viele Untaten verübt hatte, welche oft männliche Unerschrockenheit verlangten. Diese Dame war durch ihre Abkunft und Schönheit, ferner durch Mann und Kinder in einer recht glücklichen Lage; sie war wohl unterrichtet in griechischer und lateinischer Literatur, konnte kunstgerechter musizieren und tanzen, als es für eine anständige Frau nötig ist, und verstand sich auf vieles andere, was zum Rüstzeug des Wohllebens gehört. Doch war ihr noch stets alles andere lieber als Ehrbarkeit und Reinheit. Ob sie mit ihrem Geld oder ihrem guten Ruf weniger schonend umging, hätte man nicht leicht entscheiden können; ihre Sinnlichkeit war so entfacht, dass sie häufiger Männer begehrte als selbst begehrt wurde. Oft schon hatte sie vordem ihr Treuwort gebrochen, ein Darlehen mit einem Meineid weggeleugnet, um eine Mordtat gewusst: Infolge ihrer Genusssucht und Mittellosigkeit war es mit ihr tief abwärtsgegangen. Dabei war sie kein ungeschickter Kopf: Sie verstand es, Verse zu machen, Scherz zu treiben, ein Gespräch sittsam oder gefühlvoll oder auch anzüglich zu führen; kurz, sie besaß viel Witz und viel Charme.

Sallust: Catilina 25; Übersetzung von Lindauer.

Eine gewisse Hochachtung Sallusts vor der außerordentlichen Begabung dieser Frau, eines zum Gegenteil der römischen Matrone pervertierten Weibes, einer Art Allegorie auf die verderbte Urbs Roma der damaligen Zeit, ist trotz allem spürbar.

6 Römische Wertbegriffe

Sallust hat den **Verlust der „mores maiorum“**, der Sitten der Vorfahren, zu Recht als gefährlichen Substanzverlust des römischen Volkes und seines Imperiums empfunden.

Ein **Sittenkatalog** am Anfang von Ciceros „De re publica“ gibt einen guten Überblick über die römischen Wertvorstellungen. Der Autor fragt da:

Unde enim pietas aut a quibus religio? Unde iustitia, fides, aequitas? Unde pudor, continentia, fuga turpitudinis, appetentia laudis et honestatis? Unde in laboribus et periculis fortitudo?

Woher stammt nämlich unsere Frömmigkeit und von wem unsere Gottesfurcht? Woher Gerechtigkeit, Treue, Billigkeit? Woher Schamgefühl, Selbstbeherrschung, Flucht vor Schande, Streben nach Ruhm und Ehre? Woher die Tapferkeit in Mühen und Gefahren?

Cicero: De re publica 1,2.

Und derselbe antwortet: Nicht den politischen Theoretikern, sondern den tätigen Staatsmännern verdanken wir unsere Tugenden.

Gleich am Anfang stehen hier zentrale Begriffe: **„Pietas“** bedeutet die Ehrfurcht vor einer Autorität, z. B. die des Kindes gegenüber dem Vater, die des Bürgers gegenüber einem Magistrat, in diesem Sinne „Frömmigkeit“; **„religio“** ist die Unterordnung des Menschen unter die Gottheit. Es folgt **„iustitia“**, die Gerechtigkeit im Allgemeinen, die in den folgenden Begriffen eine Deutung erfährt: **„Fides“** prägt das Verhältnis zwischen Unter- und Übergeordnetem (das Verhältnis von *patronus* und *cliens,* Patron und Hörigem), ist schützende „Treue“ von oben, das „Vertrauen“ von unten, **„aequitas“** ist das Gefühl für „Billigkeit“, für das, was jedem in einer solchen Partnerschaft zusteht; **„pudor“** geht weit über unseren engen Begriff der „Scham“ hinaus, ist eine Art ängstliches Aufmerken, ob man den Anforderungen des Sittenkodexes der Gesellschaft genügt; **„continentia“** ist „Selbstbeherrschung“, Einschränkung des eigenen „Ichs“ zugunsten der Gemeinschaft, deren Tadel *(fuga turpitudinis)* gefürchtet, deren ehrendes Lob *(appetentia laudis et honestatis)* gesucht wird; **„fortitudo“** ist schließlich die „Tapferkeit“, die Mannhaftigkeit, mit der sich der römische *vir,* der im Besitz der *virtus* ist, den sich zweifellos aus den vorliegenden sittlichen Forderungen ergebenden Mühen *(labores)* und Gefährdungen *(pericula)* im Krieg und Frieden stellt.

Die hier skizzierten Tugenden ordnen den Bürger in ein **patriarchalisch-hierarchisches Wertesystem** ein, stellen ihn unter Autoritäten, die den Staat tragen. Das Individuum ordnet sich dem Staatsganzen unter. Vielleicht verdeutlicht der Hinweis, dass etwa christliche Tugenden wie Nächstenliebe, Barmherzigkeit usw. in diesem Tugendkatalog fehlen, die Tendenz vorliegender Wertbegriffe.

7 Caesar[5]

C. Iulius Caesar (100–44 v. Chr.), der das erste Jahrhundert v. Chr. eigentlich politisch beherrschte und formte, berichtet in seinen „Commentarii de bello Gallico" von der Eroberung Galliens vom Mittelmeer bis zum Ozean, in den „Commentarii de bello civili" über die blutige Auseinandersetzung mit Pompeius und der Optimatenpartei. Beide Kommentare haben **apologetischen Charakter:** Im **Bellum Gallicum** verteidigt er sein immer weiteres Vordringen in nichtrömisches Gebiet gegen die Skepsis des Senats, im **Bellum civile** versucht er, die Schuld am Ausbruch des Bürgerkriegs ganz auf Pompeius zu schieben. Der Stil trockener, sachlich-militärischer Berichterstattung kann das groß angelegte inhaltliche und formale Konzept nicht verdecken.

C. Iulius Caesar

Ein Leitbegriff ist für Caesar die **„clementia"**, die an sich selbst zu preisen er nicht müde wird, die Tugend der „Milde" und Mäßigung, die dem Besieger fremder Völker und dem Lenker des eigenen Staates erst seine Legitimität verleiht.

8 Apolitische Literatur

Bisher stand die literarische Entwicklung in engem Zusammenhang mit der politischen Entwicklung, Literatur bezog sich zum großen Teil auf den Staat. Viele Schriftsteller waren aktive Politiker: So hat sich Cicero in erster Linie als Staatsmann gefühlt, seine literarischen Werke entstanden in erzwungenen Ruhepausen während seiner politischen Laufbahn, bezogen sich in ihrer Gesamtauffassung auf den Staat. Für Sallust war die Geschichtsschreibung eine Fortsetzung der Politik mit anderen Mitteln.

Nun entsteht im 1. Jahrhundert v. Chr. auch eine Literatur, die sich vom Staat abwendet, sich eine **eigene literarische Welt** schafft, die sogar oft in einen Gegensatz zum Staat tritt. Überspitzt ausgedrückt kann man von einer Fluchtbewegung aus dem staatlichen Bereich in die Welt der Literatur sprechen, aus der Welt der Bürgerkriege ins **Refugium privater Lebensgestaltung**.

5 Da Caesartexte in der gymnasialen Oberstufe nicht mehr gelesen werden, wird hier nur knapp auf Caesar eingegangen.

9 Lukrez und der Epikureismus

T. Lucretius Carus (97–55 v. Chr.), wahrscheinlich von niedriger Abkunft, hat in den sechs Büchern seines Lehrepos „De rerum natura" die **Lehre Epikurs** in einem dichterischen Werk dargestellt.

Epikur

Epikur (341–270 v. Chr.) hatte in Athen seine philosophische Schule, den **Kepos** (Garten) gegründet. Im Anschluss an den Begründer der Atomlehre, Demokrit (ca. 460–370 v. Chr.), dessen Einfluss er zwar leugnete, hatte er seine **Kosmologie und Ethik** entwickelt. Epikur ist **Materialist:** Der ganze Kosmos bestehe aus Atomen, die sich in ewigem, senkrechtem Fall befänden. Manchmal komme es zu einem, von Epikur nicht näher erklärten Abweichen bestimmter Atome aus dem senkrechten Fall, was zum Zusammenstoß mit anderen Atomen führe, Atomverbindungen entstünden, Körper bildeten sich, Welten entstünden. Wie alle Dinge bestehe auch der Mensch aus Atomen, sei bloße Materie. Bei seinem Tod lösten sich die zu seinem Organismus verbundenen Atome wieder voneinander, der Mensch vergehe:

Principio quoniam tenuem constare minutis
Corporibus docui multoque minoribus esse
Principiis factam quam liquidus umor aquai
Aut nebula aut fumus – nam longe mobilitate
Praestat et a tenui causa magis icta movetur
...
Nunc igitur quoniam quassatis undique vasis
Diffluere umorem et laticem discedere cernis
Et nebula ac fumus quoniam discedit in auras,
Crede animam quoque diffundi multoque perire
Ocius et citius dissolvi in corpora prima,
Cum semel ex hominis membris ablata recessit.

Erstlich, so hab' ich gelehrt, dies zarte Wesen (die Seele) bestehe
Aus ganz winzigen Körpern *(corpora),* aus noch weit kleineren Stoffen *(principua)*
Als des Wassers lauteres Nass, als Rauch und der Nebel.
Denn weit reglicher ist es, vom leisesten Spiele getrieben.
...

Wenn du das Wasser demnach aus lecken Gefäßen zerrinnen
Siehst und entweichen sein Nass und Rauch und Nebel zerfliegen:
Glaube mir, eben auch so verdünste die Seele, ja schneller,
Löse sich eiliger auf in die uranfänglichen Körper (Atome),
Ist sie einmal entflohen und entwichen den Gliedern des Menschen.

Lukrez: De rerum natura 3,425 ff.; Übersetzung von Knebel.

Da auch die menschliche Seele sterblich sei, sei dem Menschen „die Lust" *(voluptas,* griech. *hedoné)* alleiniges Richtmaß im Leben, dessen **Ziel das „glückselige Leben"** sei. Zu ihm führe aber nicht die bloße Bedürfnisbefriedigung des Augenblicks, die „Lust in der Bewegung", sondern in erster Linie die **„Lust in der Ruhe"**. Die empfindliche Atomverbindung des menschlichen Körpers und Geistes vertrage weder angenehme noch unangenehme Erschütterungen, verlange nach einer Ruhelage im Wirbel der den Kosmos bildenden Atome.

Aus seiner Kosmologie entwickelt Epikur Richtlinien für das menschliche Handeln, die vor allem die **„Unerschütterlichkeit"** (griech. **„Ataraxia"**) des Menschen zum Ziel haben.

Hieraus ergibt sich auch Epikurs Einstellung zur Politik: **„Lathe biosas"**, „Leb im Verborgenen" ist hier seine Maxime. Adäquat für den Menschen sei ein Leben in ruhiger, privater Abgeschiedenheit, fern den Wirren der Politik, möglichst in Ehelosigkeit, damit die Sorgen um die Familie nicht Unruhe bringen. Damit vertrat Epikur eine dem römischen Empfinden gerade entgegengesetzte Haltung. Dass diese im durch und durch politischen Rom eine Anhängerschaft finden konnte, erklärt sich wohl nur aus der in den blutigen Wirren der Bürgerkriege entstehenden Resignation und staatlichen Entfremdung so manchen Bürgers.

Nach Epikurs Lehre seien die **Hauptängste des Menschen** die Angst vor dem Tod und die Angst vor unberechenbaren, ins menschliche Leben eingreifenden Göttern. Die **Angst vor dem Tod** sei unberechtigt, da der Mensch nach seinem Tod ja nicht mehr existiere, somit nichts mehr empfinde. Auch die **Götterfurcht** sei unbegründet:

Omnis enim per se divum natura necesse est
Immortali aevo summa cum pace fruatur
Semota ab nostris rebus seiunctaque longe.

Denn es müssen die Götter durch sich und ihrer Natur nach,
In der seligsten Ruh unsterbliches Leben genießen,
Weit von unserem Tun und unseren Sorgen entfernet.

Lukrez: De rerum natura 2,646 ff.; Übersetzung von Knebel.

Epikur verzichtet nicht auf die Existenz von Göttern, da in seiner mechanistischen Wahrnehmungslehre die menschliche Vorstellung von Göttern an deren Existenz gebunden ist: Ohne Gottheit sei der Gedanke Gott unmöglich. Freilich sind die epikureischen Götter auch bloße Atomgebilde, da sie aber Götter sind, ist ihre Existenz „göttlich". Das heißt, sie sind unsterblich und glücklich. Da für den Epikureer Glück gleich Ruhe ist, leben die Götter in ruhigstem Frieden, ohne sich um die Welt zu kümmern. Epikur siedelt die Götter in seinem Kosmos an einer Stelle an, an der eine solche Existenz möglich erscheint: Im ewigen Atomregen sind Hohlräume ausgespart, eine Art von atomfreien und damit ewig von Bewegung und Veränderung freie Blasen, in denen die Götter hausen.

Ein Hauptproblem in der Lehre Epikurs bleibt **die menschliche Willensfreiheit** innerhalb seines rein materialistischen Weltbildes. Der freie Wille muss postuliert werden, da Epikur dem Menschen ja eine bestimmte, bewusst gewählte Lebensführung empfiehlt. Erklärt wird diese Freiheit des Willens aus der freien Abweichung der Atome aus ihrem senkrechten Fall, diese wiederum bleibt jedoch ohne Begründung.

Epikur führte in Athen im Kreise seiner Anhänger trotz vielfacher Krankheit ein bescheidenes und friedlich-heiteres Leben. Diese Heiterkeit fand sich auch in seinen Schriften. In Lukrezens Werk dagegen ist immer wieder ganz im Gegensatz zur dargestellten „Heilsbotschaft" ein abgrundtiefer Pessimismus fühlbar, so wenn ihm die Beschreibung der geschlechtlichen Liebe zu einer hasserfüllten Karikatur derselben gerät (De rerum natura 4,1030 ff.) oder die Darstellung der Pest, die um 430 in Athen herrschte, zur grausig ausgemalten apokalyptischen Schau wird, mit der bezeichnenderweise das Werk abschließt (De rerum natura 6,1138 ff.). 55 hat Lukrez in einem Anfall von Depression Selbstmord begangen. Cicero hat sein Werk, obwohl er kein Anhänger Epikurs war, aus Respekt vor seiner dichterischen Größe posthum herausgeben lassen. Damit wurde uns die Lehre Epikurs, dessen Schriften, vor allem sein Hauptwerk „Über die Natur", fast alle verloren sind, erhalten.

10 Catull und die Neoteriker

Ebenfalls in der ersten Hälfte des 1. Jahrhunderts v. Chr. bildet sich in Rom eine Gruppe von Dichtern, die Neoteriker (griech. *neoteroi:* die Modernen). Mit ihnen beginnt die **römische Lyrik**. Ihr Vorbild sind hellenistische Dichter, vor allem aus Alexandrien. Am meisten verehrt wird von ihnen **Kallimachos** (3. Jh. v. Chr.), Bibliothekar an der berühmten Bibliothek zu Alexandrien, Wissenschaftler und Lyriker, bewundert vor allem wegen seiner Gedichtsammlung „Aitia" („Ursachen"), deren Themen dem Mythos entnommen sind, die aber auch vielfach geschichtliche und kultische Zustände der Gegenwart aus ihren Ursprüngen erklären. Die Gedichte sind voll von Gelehrsamkeit, in Stil und Metrik auf das Künstlerischste ausgearbeitet und durchformt. Kallimachos lehnt das große Epos als unförmig ab, will das im Umfang begrenzte, dafür künstlerisch untadelige Gedicht.

Als Begründer und theoretischer Kopf der Neoteriker gilt **C. Valerius Cato** (geb. um 100 v. Chr.); eine hervorragende Stellung im Kreis nimmt **Helvius Cinna** ein, ein Freund Caesars, der nach dessen Tod ermordet wurde. Er schrieb Epigramme, Liebesgedichte und ein Epyllion (Kleinepos) „Zmyrna", das das brisante Thema der Liebe einer jungen Frau zu ihrem Vater behandelt, aber so voller Gelehrsamkeit steckt, dass schon bald nach Helvius' Tod ein Kommentar erforderlich wurde.

Erhalten sind uns nur die 116 Gedichte des **C. Valerius Catullus** (ca. 84–54 v. Chr.), der aus einer wohlhabenden Familie in Verona stammt, in der auch Caesar verkehrte, was Catull nicht hinderte, ihn in einigen Gedichten heftig anzugreifen.

Das **Programm der Neoteriker** wird im Widmungsgedicht an Cornelius Nepos gut sichtbar:

Cui dono lepidum novum libellum
Arida modo pumice expolitum?
Corneli, tibi: Namque tu solebas
Meas esse aliquid putare nugas,
Iam tum, dum ausus es unus Italorum
Omne aevum tribus explicare cartis,
Doctis, Iuppiter, et laboriosis.
Quare habe tibi, quicquid hoc libelli,
Qualecumque; quod, o patrona virgo,
Plus uno maneat perenne saeclo!

Wem nur widm' ich das nette neue Büchlein,
Das der trockene Bimsstein just geglättet?
Dir Cornelius! Denn du pflegtest was von
Meinen Sächelchen damals schon zu halten,
Als du's wagtest – als erster Römer wagtest –
Weltgeschichte zu lehr'n in dreien Bänden,
Hochgelehrten, bei Gott, und mühevollen!
Drum sei dein, was in diesem Büchlein drinsteht
Und was dran ist. O, gib, Schutzherrin Muse,
dass es länger als ein Jahrhundert daure!

Catull: Carmen 1 im Hendekasyllabus – Elfsilbler; Übersetzungen von Weinreich.

Ein „Büchlein" *(libellus)* will Catull vorlegen, nicht einen großen dichterischen Schinken, das „zierlich" *(lepidus)* ist und „neu" *(novus)*, womit er einerseits das Schlagwort des Kallimachos zitiert (griech. *to lepton:* das Feine, Kleine, Zarte), andererseits auf das Neuartige, das die Neoteriker als dichterische Avantgarde für sich in Anspruch nehmen, hinweist. Der Inhalt besteht eher aus „Kleinigkeiten", „Spielereien" *(nugae)*, die freilich von einem hochgebildeten Dichter in mühevoller Arbeit dargestellt sind. Denn das Lob für die Bücher des Nepos *(cartae doctae et laboriosae)* entspricht durchaus auch der Kunstauffassung der Neoteriker. Der Dichter dieser zarten, ohne jeden Pomp auftretenden Muse ist sich seines Wertes dennoch durchaus bewusst und erhofft sich dauernden Ruhm für sein Werk: „Möge es dauernd erhalten bleiben, über ein Jahrhundert hinaus" *(plus uno maneat perenne saeclo)*.

Nicht mehr die Taten homerischer Helden (vgl. die „Odusia" des Livius Andronicus S. 9 f.) oder die großen Taten des römischen Volkes (vgl. die Epen des Naevius und Ennius S. 12 f.) sind das Thema, wie die Neoteriker dem Staat und seinen Idealen, die oft als bloße Schlagworte korrupter Politiker empfunden werden, überhaupt eher skeptisch gegenüberstehen. Folgendermaßen drückt Catull seinen Hohn über die politischen Zustände seiner Zeit aus:

Quid est, Catulle? Quid moraris emori?
Sella in curuli struma Nonius sedet,
Per consulatum peierat Vatinius:
Quid est, Catulle? Quid moraris emori?

Wie nun, Catull, du zauderst, warum stirbst du nicht?
Auf dem kurul'schen Stuhl (Sitz des Magistrats) sitzt Kielkropf Nonius,
Meineide schwört beim Consulat Vatinius:
Wie nun Catull, du zauderst, warum stirbst du nicht?

Catull: Carmen 52 im jambischen Trimeter.

Auch Caesar erfreut sich nicht seiner Hochachtung:

Nil nimium studeo, Caesar, tibi velle placere
nec scire, utrum sis albus an ater homo.

Nicht gar eifrig bemüh ich mich, Caesar, dir zu gefallen,
frage auch wenig danach, ob du nun weiß oder schwarz!

Catull: Carmen 93, ein Epigramm im elegischen Distichon.

Private Interessen und Erlebnisse prägen die Gedichte der Neoteriker. Manches mythische Thema, das reizvoll erscheint, wird – oft nach alexandrinischem Vorbild – behandelt, so von Catull die Sage über Attis im Carmen 63, in dem der Mythos vom Geliebten der Kybele, der sich in kultischer Ekstase entmannt, als Warnung vor orientalischer Mentalität erscheint, oder das Epyllion von der Hochzeit des Peleus – Achills Vater – mit der Meeresgöttin Thetis (Carmen 64).

Szenen aus dem Alltag werden dargestellt, Freunde und Feinde angesprochen, wobei Catulls Schimpfgedichte oft von obszöner Drastik sind:

Non (ita me di ament) quicquam referre putavi,
utrum os an culum olfacerem Aemilio.
Nilo mundius hoc, nihiloque immundius illud ...

Nein, bei den Göttern, nie hätt' ich gedacht, dass es etwas verschlüge,
ob ich Aemilius' Maul oder den Hintern beriech:
Der ist nicht schmutz'ger als jenes, und jenes nicht saub'rer als dieser ...

Catull: Carmen 97 im elegischen Distichon.

Formal hat sich Catull mit virtuoser Leichtigkeit verschiedener, oft sehr schwieriger Metren bedient, auch seine einfachen Epigramme sind raffiniert durchgestaltet. Inhaltlich wurde das eigentliche **Thema Catulls**, das sich durch sein ganzes Werk zieht, die Liebe, die **Liebe zu Clodia**, einer verheirateten, gebildeten, schönen, eleganten, aber sittenlosen Frau, der Schwester jenes Volkstribunen Clodius Pulcher, der Cicero in die Verbannung trieb, Clodia, der Catull in seinen Gedichten das Pseudonym Lesbia gibt, wobei seine Verehrung für die große griechische Dichterin von der Insel Lesbos, Sappho (um 600 v. Chr.), anklingt. *Lesbia dictavit, docte Catulle, tibi* – „Lesbia hat dir, du gelehrter Catull, in die Feder diktiert", merkt später Martial ironisch an (Martial, Epigramme 8,73,8). Hier erleben wir die Entwicklung einer leidenschaftlichen Liebe von höchstem Glück bis zur größten Verzweiflung mit, ein privates Ich findet ohne Rücksicht auf Gesellschaft und Konvention seine Sprache:

Vivamus, mea Lesbia, atque amemus
Rumoresque senum severiorum
Omnes unius aestimemus assis ...
Da mi basia mille, deinde centum,
Dein mille altera, dein secunda centum.
Deinde usque altera mille, deinde centum ...

Lass uns, Lesbia, leben, lass uns lieben
Und für alles Gezeter strenger Greise
Lass uns nicht einen einz'gen Heller geben ...
Gib mir tausend und aber hundert Küsse,
Noch ein Tausend und wieder hundert Küsse ...

Catull: Carmen 5,1–3 und 7–9 im Hendekasyllabus.

Dieser Ton ist neu in Rom, die Liebe war bisher kein Thema der Literatur, sie kommt in den „mores maiorum" nicht vor.

In den beiden Gedichten auf Lesbias Spatzen (Carmen 2 und 3) klingt in der humorvollen Beschäftigung mit dem Vögelchen der Geliebten schon ein leiser Vorwurf mit. Das zweite, das eine fast frivole Parodie griechischer Grabepigramme darstellt, beginnt so:

Lugete, o Veneres Cupidinesque
Et quantum est hominum venustiorum!
Passer mortuus est meae puellae,
Passer, deliciae meae puellae,
Quem plus illa oculis suis amabat ...

Klaget all, Aphroditen und Eroten,
Und ihr, die Aphrodite reich begnadet!
Tot ist er, meines Mädchens Sperling, jener
Sperling, einst meines Mädchens kleiner Liebling,
Den sie lieber gehabt als ihre Augen ...

Catull: Carmen 3,1 ff. im Hendekasyllabus.

Der Spatz, so deutet Catull an, spielt im Leben Lesbias eine größere Rolle als er selbst.

Der Aufforderung an Nebenbuhler, ihm das Liebste nicht zu nehmen (so etwa Carmen 82), folgt bald die verzweifelte Klage über die Hure Lesbia:

Caeli, Lesbia nostra, Lesbia illa,
Illa Lesbia, quam Catullus unam
Plus quam se atque suos amavit omnes:
Nunc in quadriviis et angiportis
Glubit magnanimi Remi nepotes.

Meine Lesbia, Caelius, jene Lesbia,
Jene Lesbia, die Catullus einzig
Mehr als sich und die Seinen all geliebt hat:
Jetzt in winkligen Gässchen und am Kreuzweg
Saugt sie aus des erhabenen Remus Enkel!

Catull: Carmen 58 im Hendekasyllabus.

Schließlich gelingt es Catull, sein zweideutiges Gefühl in einem Epigramm von nur zwei Zeilen zu komprimieren, die adäquat zu übersetzen bis heute nicht gelungen ist:

Odi et amo. Quare id faciam, fortasse requiris.
Nescio, sed fieri sentio et excrucior.

O, ich hasse und liebe! Weshalb ich es tue, du fragst's wohl.
Weiß nicht! Doch dass es geschieht, fühl ich – unendlich gequält.

Catull: Carmen 85 im elegischen Distichon.

In der **Nachdichtung eines Sapphogedichtes** (Sappho 2 D.; Catull, Carmen 51), in der Catull die Wirkung, die der Anblick Lesbias auf ihn ausübt, beschreibt, greift Catull über seine hellenistischen Vorbilder hinaus auf altgriechische Lyrik zurück, die für Rom entdeckt zu haben das große Verdienst des Horaz werden sollte.

11 Nepos

Cornelius Nepos (ca. 100–24 v. Chr.) steht den Neoterikern nahe, ist mit Catull befreundet und dichtet zunächst selbst, wendet sich dann aber der Historie zu. Er schreibt zuerst „Chronica" in drei Büchern (vgl. Catull, Carmen 1), eine Chronik der Weltgeschichte, der die „Chronika" des Apollodor von Athen (2. Jh.) zugrunde liegen, die Nepos bis auf seine Zeit herabführt. Berühmt wurde er durch seine Biografiensammlung berühmter Männer nach hellenistischem Vorbild: **„De viris illustribus"**. Hier stellt er bedeutende Römer Nichtrömern, vor allem Griechen, gegenüber. Die Sammlung ist nach Königen, Feldherren, Dichtern, Rednern, Historikern und Grammatikern geordnet. Erhalten sind nur ein Buch mit Biografien von 23 nichtrömischen Feldherren und aus dem Historikerbuch die Biografien des alten Cato und des Atticus, Ciceros Briefadressaten. Nepos geht es nicht um historische Wahrheit, er will in erster Linie unterhalten, ist weniger Historiker als Literat.

Interessant ist die geistige Haltung, die im Proömium zu seinem Feldherrnbuch sichtbar wird, wo er Leser rügt, die fremden Sitten ohne Verständnis gegenüberstehen:

Sed ii erunt fere, qui expertes litterarum Graecarum nihil rectum, nisi quod ipsorum moribus conveniat, putabunt. Hi si didicerint non eadem omnibus esse honesta atque turpia, sed omnia maiorum institutis iudicari, non admirabuntur nos in Graiorum virtutibus exponendis mores eorum secutos . . . Contra ea pleraque nostris moribus sunt decora, quae apud illos turpia putantur.

Doch werden das mehrenteils solche sein, die ohne Kenntnis der griechischen Literatur nichts für recht halten wollen, was nicht mit ihren eigenen Sitten übereinstimmt. Kommen diese zu der Einsicht, dass nicht allen das Gleiche für anständig und unanständig gilt, sondern dass sich das Urteil jedesmal nach dem Brauch der Vorfahren richtet, so werden sie sich nicht wundern, dass ich bei

Schilderung vorzüglicher Eigenschaften von Griechen auch deren Sitten zur Richtschnur genommen habe ... Hinwiederum ist sehr vieles nach unseren Sitten wohl anständig, was bei jenen für anstößig gilt.

Nepos: De excellentibus ducibus exterarum gentium, Proömium 2 ff.; Übersetzung von Siebelis.

Nepos vertritt hier einen **moralischen Relativismus**, wie er bisher in Rom kaum üblich war, und tritt damit in strengsten Gegensatz zu seinem Zeitgenossen Sallust.

Krise der Republik und Klassik: die Zeit Ciceros

Geschichte: Seit ca. 130 v. Chr. befindet sich Rom außen- und innenpolitisch auf dem Höhepunkt seiner Entwicklung. Seine „Weltherrschaft" ist unumstritten, seine Verfassungsstrukturen sind ausgeformt und erprobt. Gleichzeitig bilden sich durch den Aufstieg zur Weltherrschaft aber Risse im Gefüge des Staatskörpers, die durch unterlassene Reformen Rom in Revolution und Bürgerkrieg treiben (91–88 v. Chr. Bundesgenossenkrieg, 88 Aufstand der Provinz Asia, 82–79 Sullas Diktatur, 73–71 Sklavenaufstand unter Spartacus, 63 Verschwörung Catilinas, 48 schlägt Caesar Pompeius bei Pharsalus, 44 Ermordung Cäsars).

Literatur: Die Autoren der Klassik haben an griechischen Universitäten studiert und beherrschen ein durch vorklassische Autoren zur ausdrucksfähigen Literatursprache entwickeltes Latein.

Autoren und Werke: Zunächst erreicht in dieser Epoche die Prosa ihren klassischen Höhepunkt in Rede und Geschichtsschreibung (Reden und rhetorische Werke Ciceros, Geschichtswerke Sallusts und Caesars), deren alle überragender Meister Cicero ist: Er hat nicht nur die lateinische Sprache maßgebend geformt, sondern durch sein philosophisches Werk (eine Art philosophischer Enzyklopädie) die Wissenschaft der Antike für die folgenden Jahrhunderte bereitgestellt.
Neben der Prosa enstehen auch in der Dichtung erste klassische Werke: Lukrez' Lehrepos „De rerum natura" und die Gedichte Catulls.

Prinzipat und Klassik: die Zeit des Augustus

1 Die Epoche des Prinzipats

Im Testament des ermordeten Diktators Caesar ist sein Großneffe **Gaius Octavius** (sein Vater ist der Sohn von Caesars Schwester) als **Erbe und Nachfolger** bezeichnet: Damit hat Caesar an die Stelle der Republik die Herrschaft einer Familie gesetzt, eine **Dynastie** zu begründen versucht. Ebenfalls als Erbe empfindet sich **Marcus Antonius** (geb. ca. 82 v. Chr.), der alte Mitkämpfer Caesars, 54–51 v. Chr. im Generalstab Caesars in Gallien, 48 bei Pharsalus dabei, 48–47 Stellvertreter Caesars in Rom, im Jahr 44 zusammen mit Caesar Konsul.

Damit zeichnet sich die Fortsetzung der Bürgerkriege ab. Nach einer kurzen Auseinandersetzung beider Erben kommt es aber schon 43 zu einer Einigung, der Cicero zum Opfer fällt. Er hatte sich auf die Seite des ihm leicht lenkbar erscheinenden Octavian geschlagen und Antonius in seinen „Philippischen Reden" aufs Heftigste angegriffen. Antonius, Octavian und der alte Anhänger Caesars **Lepidus** schließen ein Triumvirat.

Dieses Bündnis erhält sogleich den politischen Segen der Volksversammlung. Die drei Männer werden als **„tresviri rei publicae constituendae"** („Dreimänner zur Wiederherstellung der Republik") für fünf Jahre bestätigt. Sie werden allen römischen Magistraten vorgesetzt und bevollmächtigt, Gesetze zu geben und Magistrate und Statthalter zu ernennen. Damit haben sie die absolute Staatsmacht in Händen.

42 v. Chr. verstärkt sich der absolutistische Charakter der neuen Herrschaft. Der tote Caesar wird vom Senat zum Gott erklärt, wird zum „Divus Iulius", Augustus wird nun **„Gaius Iulius divi filius Caesar"** genannt: „Gaius Iulius Caesar, Sohn des Gottes". Derartiges hatte es bisher nur im Osten gegeben (vgl. Alexander den Großen, der sich als Sohn des Zeus verehren ließ, oder die Ptolemäer in Ägypten, die als Pharaonen zugleich Götter ihres Volkes waren).

Nach dem Sieg über die Caesarmörder in der Schlacht von Philippi in Makedonien (42 v. Chr.) bahnt sich eine neue Auseinandersetzung an. 40 teilen Antonius und Octavian im **„Foedus Brundisinum"** („Bündnis von Brindisi") die Herrschaft untereinander auf. Antonius erhält die östliche Hälfte des Reichs,

Octavian die westliche. Antonius entwickelt sich in Ägypten unter dem Einfluss Kleopatras, die er heiratet und die ihm Kinder schenkt, zum griechisch-hellenistischen Monarchen. Als in Rom bekannt wird, dass er sein Herrschaftsgebiet testamentarisch an seine und Kleopatras Kinder vermacht hat, kommt es zum Krieg, in dem Octavian sich als Verteidiger Roms und seiner Werte gegen den orientalisierten Antonius darstellt. 31 wird Antonius in der **Seeschlacht von Actium** an der Westküste Griechenlands geschlagen, er und Kleopatra begehen Selbstmord, **Ägypten wird römische Provinz**.

Augustus

Nun sind der Macht Octavians keine Grenzen mehr gesetzt. 29 v. Chr. wird er vom Senat zum **Imperator auf Lebenszeit** ernannt und ist damit ständiger Oberbefehlshaber aller Reichstruppen. Obwohl er sich als Beender der Bürgerkriege und Wiederhersteller der Republik feiern lässt, bleibt er der erste Mann im Staat. 27 erhält er den Ehrentitel „Augustus" („der Erhabene"), der bisher nur den Göttern zustand. Obwohl er in seinem 6. und 7. Konsulat (28 und 27 v. Chr.) das Gemeinwesen *(res publica)* in die freie Entscheidungsgewalt von Senat und Bürgerschaft *(in senatus populique Romani arbitrium)* gestellt hat, lässt er sich 23 die **Amtsgewalt der Volkstribunen**, 19 die **Amtsgewalt der Konsuln** auf Lebenszeit übertragen. Die Ämter bleiben zwar offiziell bestehen und erhalten so den Anschein der Republik, da die Amtsgewalt aber bei Augustus liegt, sind sie bloß noch Ehrenämter. 12 übernimmt Augustus das Amt des **Pontifex Maximus**, des obersten Priesters im Staat, 2 wird ihm der begehrte **Ehrentitel „pater patriae"** verliehen.

Trotz dieser Machtkonzentration in den Händen des Augustus darf nicht übersehen werden, dass er tatsächlich vom römischen Volk als Retter der Republik empfunden wird. Er hat nach der langen und blutigen Zeit der Bürgerkriege den Frieden gebracht, mit ihm bricht eine lange und segensreiche Friedensepoche für Rom an. Die **„pax Augusta"**, deren Beginn mit der Einweihung eines Friedensaltars *(ara pacis)* durch Augustus beginnt, sollte fast 200 Jahre dauern. Eine maßvolle Politik im Innern, die Rückbesinnung auf die Werte der Väter, die kluge Rücksichtnahme auf die Gefühle des Senats und des Volkes lassen ihn als ersten Mann der Republik, nicht als Tyrannen empfinden. Er selbst hat sich seit 28 „princeps" genannt, den „ersten Mann" unter gleichen

Mitbürgern (**„princeps inter pares“**), dieser Titel wurde von einem großen Teil des römischen Volkes als angemessen empfunden.

Wichtig für die Erfolge des Augustus war es, dass er es verstand, fähigste Männer in seinen Dienst zu ziehen: So den begabten Diplomaten **Maecenas**, dem es gelang, die von Crassus an die Parther verlorenen Feldzeichen durch friedliche Verhandlungen wiederzugewinnen und damit offiziell Frieden zu schließen, den Verwaltungsfachmann **Messalla**, dem nach der Schlacht von Actium die Verwaltungsneuordnung des Ostens anvertraut wurde, sowie den erfolgreichen Militär **Agrippa**, der Augustus' Schlachten schlug.

Über Maecenas gewinnt er die Dichter seiner Zeit als Verkünder der Wiedergeburt der alten Republik mit ihren Tugenden, der großen machtvollen Zeit der Väter.

2 Der Rechenschaftsbericht des Augustus: das „Monumentum Ancyranum“

Kaiser Augustus, der 14 n. Chr. im 76. Lebensjahr starb, hat in hohem Alter einen Rechenschaftsbericht geschrieben, der an seinem **Mausoleum** auf dem Marsfeld angebracht werden sollte und der in unzähligen Abschriften im ganzen Reich aufgestellt wurde: den **„Index rerum gestarum“**, das „Verzeichnis seiner Taten“. 1555 n. Chr. wurde eine Abschrift des Index in lateinischer und griechischer Sprache an einem ehemaligen Tempel der Göttin Roma und des Augustus in **Ankara gefunden**, nach dem Fundort „Monumentum Ancyranum“ genannt.

Der in nüchternem Ton gehaltene Bericht, der die militärischen Maßnahmen, die ausgeübten Ämter, die Ehrungen durch Volk und Senat, die Schenkungen an die Bevölkerung, die Bauwerke (Kap. 20: *Duo et octoginta templa deum in urbe … refeci* – „82 Tempel der Götter habe ich in der Stadt wiederherstellen lassen“) sowie die außenpolitischen Erfolge aufzählt, gipfelt schließlich in der Beschreibung der eigenen politischen Stellung, wie sie Augustus im Volk anerkannt sehen will:

> *In consulatu sexto et septimo, postquam bella civilia exstinxeram, per consensum universorum potitus rerum omnium, rem publicam ex mea potestate in senatus populique Romani arbitrium transtuli. Quo pro merito meo senatus consulto Augustus appellatus sum … Post id tempus auctoritate omnibus praestiti, potestatis autem nihilo amplius habui quam ceteri.*

> In meinem 6. und 7. Konsulat [28 und 27 v. Chr.], nachdem ich die Bürgerkriege ausgelöscht hatte, mit Zustimmung aller in den Besitz der gesamten Staatsmacht

gesetzt, habe ich den Staat wieder aus meiner Gewalt in die Entscheidungsbefugnis von Senat und römischem Volk übertragen. Für dieses Verdienst wurde ich durch Senatsbeschluss Augustus genannt ... Seit dieser Zeit stand ich an Autorität allen voran, an Amtsgewalt aber hatte ich um nichts mehr als die anderen.

Monumentum Ancyranum 34.

Damit begründet Augustus seine politische Macht in seiner anerkannten **Autorität**, sieht in ihr keinen Widerspruch zur republikanischen Verfassung. Obwohl dieser Anspruch der Wirklichkeit nicht entspricht, wird er dennoch von dem größten Teil der Zeitgenossen akzeptiert.

3 Der Maecenaskreis und die „Hofschriftsteller"

Maecenas, der bedeutendste Diplomat, der Vertraute des Augustus, ein Freund der Kultur, insbesondere der Literatur, sammelt um sich einen Kreis von Dichtern, als deren Patron er sich fühlt, die er finanziell unterstützt, die er in ihrem Schaffen zu fördern sucht. In der wohltuenden und anregenden Atmosphäre dieses Kreises finden viele Dichter zu ihrem Schaffen. Wer dort einmal aufgenommen ist, darf sich als Freund fühlen. Unwürdigen Ehrgeizlingen steht der Kreis nicht offen. Eine nette Huldigung an den Kreis hat Horaz in seiner Satire 1,9 („Schwätzersatire") gerichtet: Ein Fremder heftet sich auf einem Spaziergang in Rom an seine Fersen. Bald stellt sich heraus, dass der Ehrgeizige von Horaz in den Maecenaskreis eingeführt werden will und sich nicht so leicht abschütteln lässt:

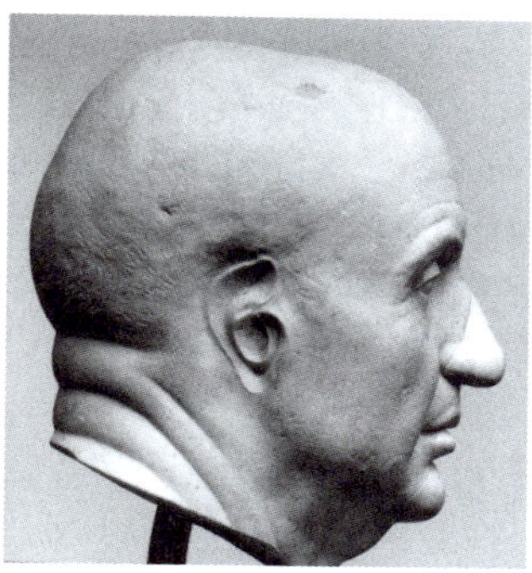

Maecenas

„Maecenas quomodo tecum?"
Hinc repetit. „Paucorum hominum et mentis bene sanae."
„Nemo dexterius fortuna est usus. Haberes
Magnum adiutorem, posset qui ferre secundas,
Hunc hominem velles si tradere: Dispeream ni
Summosses omnis." „Non isto vivimus illic,
Quo tu rere, modo; domus hac nec purior ulla est
Nec magis his aliena malis; nil mi officit, inquam,
Ditior hic aut est quia doctior; est locus uni
Cuique suus." „Magnum narras, vix credibile." „Atqui
Sic habet." „Accendis quare cupiam magis illi
Proximus esse."

„Wie steht Maecenas zu dir?“, fängt er wieder an. „Nur mit wenigen Menschen verkehrt er und er hat ein gutes Gespür.“ „Niemand hat mehr Glück: Du hättest an mir eine große Hilfe, da ich die zweite Geige spielen könnte, wenn du mir diesen Mann in die Hände spielen wolltest: Ich will tot umfallen, wenn du dann nicht alle ausstechen würdest.“ „Wir leben dort nicht so, wie du meinst; kein Haus ist makelloser als dieses und freier von diesen Fehlern; meine Stellung beeinträchtigt es nicht, sag ich, dass der eine reicher ist, der andere gelehrter; jeder Einzelne hat seinen ihm angemessenen Platz.“ „Da sagst du was Großes, kaum glaublich.“ „Aber es ist so!“ „Du entflammst mich, warum ich noch mehr wünsche, ihm ganz nahe zu sein.“

Horaz: Satire 1,9,43–54.

Gott sei Dank läuft dem Schwätzer ein Prozessgegner über den Weg, auf den er sich sogleich stürzt. So ist Horaz erlöst: *Sic me servavit Apollo* – „So rettete mich Apoll!“ endet das Gedicht.

Auch Kaiser Augustus selbst verkehrt im **Maecenaskreis**, gewinnt die Teilnehmer für seine politischen Ziele. Manche werden begeisterte **Verkünder der von Augustus eingeleiteten neuen Epoche:** So **Vergil, Horaz, Livius** Man hat sie deswegen später despektierlich „Hofschriftsteller“ genannt, obwohl es ihnen fernlag, politische Propagandisten zu sein. Sie wollten den **neuen Geist der Zeit**, den Augustus erhoffte und der im Maecenaskreis lebendige Aufnahme fand, verkünden. Es ging um die **Wiedergeburt** des alten, unverderbten und deshalb mächtigen Rom.

4 Vergil

Publius Vergilius Maro wurde 70 v. Chr. bei Mantua als Sohn einfacher, aber nicht unvermögender Gutsbesitzer geboren. Die Eltern ermöglichen ihm eine umfassende Ausbildung in Cremona und Mailand, dann in Rom und Neapel. 42 wird im Zuge der Landverteilungen Octavians der väterliche Grundbesitz enteignet, Vergil aber bald durch Vermittlung eines hochgestellten Gönners, wahrscheinlich Octavians selbst, wieder in seinen Besitz eingesetzt. Diese fast als Wunder empfundene Rettung des Selbstständigkeit garantierenden Besitzes hat Vergil nachhaltig beeinflusst. Der äußerlich fast grobklotzig erscheinende, in seinem Auftreten aber eher schüchterne Mann führt ein zurückgezogenes, ganz

Vergil

seinem Werk gewidmetes Leben, das sich abzuringen ihn viel Mühe kostet. Im Maecenaskreis findet er Freundschaft und Halt. 20 geht Vergil nach Griechenland, um dort und in Kleinasien, der Heimat seines **Vorbilds Homer**, die „Aeneis" zu vollenden. Augustus, der ihm in Athen begegnet, nimmt ihn mit nach Italien zurück. Auf der Heimreise erkrankt Vergil und stirbt 19 v. Chr., er wird in Neapel beigesetzt. Seine testamentarische Bestimmung, die „Aeneis" nach seinem Tod zu verbrennen, wird auf Befehl des Augustus nicht erfüllt.

Vergils Werke brauchten alle eine lange Entstehungszeit: 42–37 v. Chr. entstehen die „Bucolica" („Hirtendichtung", griech. *bukolos:* rindsgehörnt), deren 10 Eklogen („ausgewählte Gedichte", griech. *eklegein:* auswählen) die Hirtengedichte Theokrits von Sizilien (erste Hälfte des 3. Jh. v. Chr.) zum Vorbild haben und damit eine neue literarische Gattung aus dem Griechischen nach Rom bringen. In dieser Welt der Hirten, die teilweise von Vergil ins ferne Arkadien, jenes unzugängliche Gebirgsland inmitten der Peloponnes, verlegt wird, entsteht eine heitere und heile ländliche Gegenwelt zur Großstadt mit ihrer Hektik auf allen Gebieten.

Fresko aus Pompeji:
Bukolische Szene

Berühmt ist die **4. Ekloge** geworden, in der der Beginn einer neuen Epoche, die Wiederkehr des Goldenen Zeitalters, verkündet wird, die an die **Geburt eines Kindes** geknüpft ist, das der Welt geboren werden soll:

Teque adeo decus hoc aevi, te consule inibit,
Pollio, et incipient magni procedere menses;
Te duce, siqua manent sceleris vestigia nostri,
Inrita perpetua solvent formidine terras.
Ille deum vitam accipiet divisque videbit
Permixtos heroas et ipse videbitur illis
Pacatumque reget patriis virtutibus orbem.
At tibi prima, puer …

Während du Konsul bist, hebt an diese Freude der Zeiten,
Pollio, und es beginnt der Lauf der gewaltigen Monde.
Was noch an Spuren besteht von unserem alten Verbrechen,
Endet mit dir, von der ewigen Angst befreit ist die Erde.
Aber der Knabe empfängt der Götter Leben, er sieht die
Götter und Helden, sie nehmen ihn auf als einen der Ihren.
Fürder lenkt er die Welt mit der Kraft seines himmlischen Vaters.
Als Geschenk zur Geburt …

Vergil: Ekloge 4,11–18; Übersetzung von Naumann.

Über das Kind, das im Konsulatsjahr des Asinius Pollio, 40 v. Chr., als Heilsbringer zur Welt kommen soll, wurde viel gerätselt: Man dachte an einen Sohn Pollios, an Octavian, den späteren Augustus, in der späten Kaiserzeit und im Mittelalter gar wurde der Heide Vergil zum unbewussten Propheten der Geburt Christi gemacht. Jedenfalls passt diese Ekloge gut in die augusteische Erneuerungsbewegung mit den an sie geknüpften Hoffnungen.

39–29 v. Chr. entstehen die „Georgica“; der Titel ist griechisch, der Inhalt römisch: Es geht um die Landwirtschaft. Im 1. Buch seines Lehrepos behandelt Vergil den Ackerbau, im 2. Buch die Baumzucht, im 3. Buch die Viehzucht, im 4. Buch die Bienenzucht. Diese Dichtung ist freilich nicht eine Anleitung für die Hand des Bauern, sondern Lektüre für den Städter, vielleicht in erholsamen Stunden auf dem Landgut draußen vor der Stadt.

29 nimmt Vergil sein **Hauptwerk** in Angriff, an dem er bis zu seinem Tod im Jahr 19 arbeitet, an das er aber letzte Hand nicht mehr anlegen kann: die **„Aeneis“**.

Arma virumque cano, Troiae qui primus ab oris
Italiam fato profugus Lavinaque venit
Litora – multum ille et terris iactatus et alto
Vi superum, saevae memorem Iunonis ob iram,

Multa quoque et bello passus, dum conderet urbem
Inferretque deos Latio – genus unde Latinum
Albanique patres atque altae moenia Romae.

Kriege besing' ich sowie den Mann, der von Trojens Gestade,
Weit umher auf der Flucht von des Schicksals Mächten gejagt, als
Erster nach Italien kam, ans lavinische Ufer.
Himmelsgewalten, gereizt durch den lauernden Zorn der ergrimmten
Juno, haben ihn hart verfolgt, so zu Wasser wie Lande.
Vieles an Ungemach musste der Held auch in Kämpfen erdulden,
Bis er die Stadt erbaut' und die Götter auf Latiens Boden
Brachte, daher der Lateiner Geschlecht, die albanischen Väter
Und des gewaltigen Roms erhabene Mauern entstanden.

Vergil: Aeneis 1,1–7; Übersetzung von Spitzenberger-Winter.

Ein **Heldenepos** schreibt Vergil, handelnd vom mythischen Gründer Roms, dem Trojaner Aeneas. Auch wenn Vergil seinen römischen Vorgängern Naevius und Ennius (siehe S. 12 f.) viel verdankt, so ist auch ihm das eigentliche Vorbild Homer. Seine „Aeneis" soll „Odyssee" und „Ilias" in einem sein. Die ersten sechs Bücher handeln von den **Irrfahrten des Aeneas** bis kurz vor der Landung in Latium. Die folgenden sechs Bücher sind wie die „Ilias" ein **Buch der Kämpfe**, die nach der Niederwerfung der Gegner, die die Ansiedlung des Aeneas und der Seinen in Latium verhindern wollen, dort enden, wo der Weg für die Gründung der Stadt Lavinium frei wird (benannt nach der Gattin des Aeneas, der Tochter des ansässigen Königs Latinus), von der aus die Tochterstadt Alba Longa, dann die Enkelstadt Rom (von Romulus und Remus) gegründet werden sollen, Rom, das wiederum einst sein Ziel in der **Führung der gens Iulia** und in der **Friedensherrschaft des Augustus** finden wird: Diese Gegenwart wird in prophetischen Vorwegnahmen immer wieder Teil des Epos, so in der Rede Jupiters an Venus, die Mutter des Aeneas (1,257 ff.), in der Verfluchungsrede der karthagischen Königin Dido an Aeneas (4,590 ff.), in der Heldenschau großer Römer, die Aeneas von seinem Vater Anchises nach seinem Abstieg in die Unterwelt vorgeführt werden (6,752 ff.), in der Bilderfolge auf dem Schild des Aeneas, auf dem Szenen aus der künftigen Geschichte Roms bis hin zur Schlacht von Actium dargestellt sind (8,608 ff.), sowie in dem letzten Gespräch zwischen Jupiter und Juno, das den Zorn der Aeneas verfolgenden Göttin endlich beschwichtigt (12,791 ff.). So erfährt die Gegenwart ihre mythische Erhöhung im Epos, die glorreiche mythische Vergangenheit andererseits wirkt in die Gegenwart hinein. Die Tugenden des Urvaters, des „pius Aeneas", werden zum Vorbild der eigenen Epoche.

In der Jupiterrede an Venus endet der Ausblick auf die Zukunft des römischen Volkes bei Augustus:

Nascetur pulchra Troianus origine Caesar,
Imperium Oceano, famam qui terminet astris,
Iulius, a magno demissum nomen Iulo.
Hunc tu olim caelo spoliis Orientis onustum
Accipies secura; vocabitur hic quoque votis.
Aspera tum positis mitescent saecula bellis:
Cana Fides et Vesta, Remo cum fratre Quirinus
Iura dabunt; dirae ferro et compagibus artis
Claudentur Belli portae . . .

Wird ein trojanischer Cäsar (Augustus) von edelen Ahnen entsprießen,
Dessen Herrschaft das Weltmeer, den Ruhm die Sterne begrenzen:
Julius ist's, ein Heldenname vom großen Julus.
Ruhig nimmst du ihn einst, mit Orients Beute beladen,
In den hohen Olymp auf: Auch ihm wird man Opfer geloben.
Endlich vertobet die Kriegswut, und mildere Zeiten beginnen.
Fides, die Treue, und Vesta, Quirin und Remus, die Brüder,
Sprechen dann Recht, mit festen Banden und Riegeln von Eisen
Wird die Pforte des Krieges gesperrt . . .

Vergil: Aeneis 1,286–194; Übersetzung von Spitzenberger-Winter.

Die „Aeneis“ wird sogleich zum maßgebenden **Schulbuch in Rom**, sie ist es bis heute geblieben.

5 Horaz

Q. Horatius Flaccus ist 65 v. Chr. in dem unteritalischen Landstädtchen Venusia geboren. Sein Vater war ein Freigelassener, der nicht reich war, aber alles für seinen Sohn tat, was in seinen Kräften stand. In der 6. Satire seines 1. Satirenbuches hat ihm Horaz ein schönes Denkmal gesetzt. Im Mittelpunkt stehen hier der Gönner und Freund Maecenas und – der Vater. Auf der einen Seite Maecenas, der aus altem etruskischen Adel stammt, einer der wichtigsten Mitarbeiter des Augustus, eine führende Persönlichkeit Roms, auf der anderen ein kleiner Freigelassener aus einem Provinzstädtchen. Zwischen diesen beiden Männern spannt sich das Leben des Horaz, der als Sohn eines Freigelassenen später in den engsten Kreis des Augustus gezogen wird und zum Nationaldichter Roms aufsteigt.

Auf die Frage, wem er Bildung und Stellung zu verdanken habe, antwortet Horaz:

Causa fuit pater his; qui macro pauper agello
Noluit in Flavi ludum me mittere, magni
Quo pueri magnis e centurionibus orti
Laevo suspensi loculos tabulamque lacerto
Ibant octonos referentes idibus aeris.
Sed puerum est ausus Romam portare docendum
Artis quas doceat quivis eques atque senator
Semet prognatos. Vestem servosque sequentis,
In magno ut populo, siqui vidisset, avita
Ex re praeberi sumptus mihi crederet illos.
Ipse mihi custos incorruptissimus omnis
Circum doctores aderat. Quid multa? Pudicum,
Qui primus virtutis honos, servavit ab omni
Non solum facto, verum opprobrio quoque turpi
Nec timuit, sibi ne vitio quis verteret, olim
Si praeco parvas aut, ut fuit ipse, coactor
Mercedes sequerer …

Horaz

Dem Vater ist's zu verdanken, der, obwohl nicht reich, auf seinem mageren Landgut, mich doch nicht bloß in die Schule des Flavus schicken wollte, wohin die würdigen Knaben würdiger Offiziere, die Rechensteine und die Schreibtafel am linken Arm, gingen, um am 15. ganze acht As zu zahlen, sondern er hat es fertiggebracht, mich Knaben nach Rom zu bringen zum Unterricht in Wissenschaften, in denen auch irgendein Ritter oder Senator seine Sprößlinge unterrichten lässt. Und wenn jemand meine Kleidung und die Sklavenbegleitung, wie bei vornehmem Volk, gesehen hätte, hätte er meinen können, dass meine Ausstattung aus altererbtem Vermögen stamme. Als nimmermüder Hüter neben allen Lehrern stand er selbst mir zur Seite. Was soll ich noch sagen? Anständig, was der ehrendste Teil der Tugend ist, hat er mich gehalten, frei nicht nur von böser Tat, sondern auch von bösem Ruf. Und er machte sich nicht darum Sorgen, dass es ihm einmal jemand übel auslege, wenn ich als Auktionsleiter oder, wie er selbst, als Vertragsvermittler einmal nur wenig verdiente …

Horaz: Satire 1,6,71 ff.

Sorge um den Sohn leitet also den Vater, nicht Ehrgeiz des kleinen Mannes. Später wird es Horaz sogar ermöglicht, in Athen zu studieren, wo er indes in die Wirren des Bürgerkrieges gerät. Der Caesarmörder M. Iunius Brutus ernennt ihn zum Militärtribunen (Führer einer Legion) im Kampf gegen Octavian und Antonius. Nach der Schlacht von Philippi (42 v. Chr.) scheinen ihm auf einmal alle Möglichkeiten versperrt. Er kann sich zunächst als kleiner Verwaltungsangestellter *(scriba)* durchschlagen, sein literarisches Schaffen aber eröffnet ihm schon 38 den **Maecenaskreis**, in den er von Vergil eingeführt wird: Auch dieser wichtigen Stunde erinnert er sich in der Satire 1,6 (54 ff.).

Wohl 33 schenkt Maecenas Horaz ein **Landgut in den Sabinerbergen** nahe bei Rom, das geliebte „Sabinum", das ihn – in bescheidenen Grenzen – finanziell unabhängig macht, das ihn beglückt:

Hoc erat in votis: Modus agri non ita magnus,
Hortus ubi et tecto vicinus iugis aquae fons
Et paulum silvae super his foret. Auctius atque
Di melius fecere ...

Das habe ich mir gewünscht: Ein nicht allzu großes Stück Acker, wo ein Garten und eine nie versiegende Quelle nahe beim Haus sei und ein wenig Wald darüber. Reicher und besser haben's die Götter gemacht ...

Horaz: Satire 2,6,1–4.

In dieser 6. Satire des 2. Satirenbuches, in der wiederum, wie so oft in Horazens Dichtung, Maecenas im Mittelpunkt steht, wird ihm sein Sabinum eine heile Gegenwelt zur Stadt mit ihrem Trubel, ihrer Hektik und ihrem Ehrgeiz. Berühmt ist der zweite Teil der Satire, in dem Horaz in der Fabel von der Stadt- und Landmaus seine Situation allegorisch[6] preist.

Dem Wunsch des Kaisers Augustus, der ihn mehr und mehr schätzt, die Stelle seines persönlichen Sekretärs zu übernehmen, kommt Horaz trotz des ehrenden Angebots nicht nach. Seine Ablehnung liegt wohl nicht nur in seinem Unabhängigkeitsstreben begründet, sondern auch in der Bescheidenheit eines Dichters, der sich seiner Herkunft bewusst blieb und als Sohn eines Freigelassenen nicht ins Zentrum der römischen Macht rücken wollte. Bei aller Hingabe an den von Augustus geführten Staat war Horaz doch kein Römer, in der Tradition der *res publica Romana* aufgewachsen. Seine Welt bleibt die **Welt der Musen**, auch wenn er in seiner Dichtung immer wieder tief betroffen auf politisches Geschehen reagiert: So spricht in seiner 16. Epode, die wohl kurz nach Philippi niedergeschrieben wurde, abgrundtiefe Verzweiflung:

Altera iam teritur bellis civilibus aetas,
Suis et ipsa Roma viribus ruit:
Quam neque finitimi valuerunt perdere Marsi ...
Inpia perdemus devoti sanguinis aetas,
Ferisque rursus occupabitur solum.

6 Allegorie: Bildhafte Darstellung eines abstrakten Begriffs oder Gedankens in der Kunst und Dichtung; berühmt ist etwa die Allegorie des Frühlings von Sandro Botticelli (1444/45–1510), die den Frühling als reizende junge Frau zeigt.

> Die zweite Generation wird bereits durch Bürgerkriege zerrieben, und Rom stürzt durch eigene Kraft: Es, das weder die benachbarten Marser vernichten konnten noch ..., das verderben wir ruchloses Geschlecht verfluchten Blutes, von wilden Tieren wird wieder eingenommen werden der Grund.
>
> Horaz: Epode 16,1–3 und 9 f.

Horaz schlägt ohne Hoffnung auf Rettung die Flucht aus Rom vor, zu glückseligen Inseln, die Züge des Goldenen Zeitalters tragen: Diese liegen freilich weit draußen im Ozean, nicht in der geschichtlichen Welt.

Später, als Augustus seine Herrschaft gefestigt hat und Antonius mit Kleopatra bei Actium (31 v. Chr.) geschlagen ist, folgt das Jubelgedicht auf den Sieg:

Nunc est bibendum, nunc pede libero
Pulsanda tellus, nunc Saliaribus
Ornare pulvinar deorum
Tempus erat dapibus, sodales.

Antehac nefas depromere Caecubum
Cellis avitis, dum Capitolio
Regina dementis ruinas
Funus et imperio parabat

Contaminato cum grege turpium
Morbo virorum, quidlibet inpotens
Sperare fortunaque dulci
Ebria. Sed minuit furorem

Vix una sospes navis ab ignibus
Mentemque lymphatam Mareotico
Redegit in veros timores
Caesar ab Italia volantem

Remis adurgens, accipiter velut
Mollis columbas aut leporem citus
Venator in campis nivalis
Haemoniae, daret ut catenis

Fatale monstrum: Quae generosius
Perire quaerens nec muliebriter
Expavit ensem nec latentis
Classe cita reparavit oras,

Ausa et iacentem visere regiam
Voltu sereno, fortis et asperas
Tractare serpentes, ut atrum
Corpore conbiberet venenum,

Deliberata morte ferocior:
Saevis Liburnis scilicet invidens
Privata deduci superbo
Non humilis mulier triumpho.

Jetzt heißt es trinken, jetzt beflügelten Fußes tanzen; jetzt, Kameraden, wäre die Zeit gekommen, saliarische Leckerbissen auf Götterpolstern zu servieren.

Bislang verbot es sich, den Caecuberwein aus Kellern der Ahnen zu holen, solange noch die Königin das Capitol mit sinnlosem Untergang, das Reich mit dem Tode bedrohte,

umgeben von einer verschnittenen Horde krankhaft entarteter Männer, maßlos in unbegrenzter Erwartung, trunken vom süßen Erfolg: Ihr Wahn ist zusammengebrochen,

denn kaum ein Schiff blieb ihr vom Feuer verschont, und ihren Sinn, von mareotischem Weine berauscht, hat Caesar in wahren Schrecken versetzt, als er über die von Italien Flüchtende

mit seinen Rudern sich stürzte wie ein Habicht über die sanften Tauben oder den Hasen, ein rascher Jäger in den verschneiten Feldern Hämoniens, um sie an Ketten zu legen,

das tödliche Ungeheuer. Sie aber wollte stolzer zugrunde gehen; sie zitterte nicht wie ein Weib vor der Schlacht und suchte nicht auf eilender Flotte entlegene Küsten auf,

entschlossen, auch auf ihren zerstörten Palast mit gelassener Miene zu blicken, tapfer genug, mit gefährlichen Schlangen umzugehen, damit ihr Leib das schwarze Gift empfange,

und grimmiger noch, da sie den Tod mit klaren Sinnen herbeirief. Ja, sie hat den wilden liburnischen Schiffen das Glück missgönnt, dass sie als Entthronte im stolzen Triumphzug geschleppt ward – gewiss keine unbedeutende Frau.

Horaz: Carmen 1,37; Übersetzung von Richter.

In diesem in der alkäischen Strophe mit ihrem unregelmäßigen, fast stampfenden Rhythmus geschriebenen Gedicht, das an ein Siegeslied des Alkaios (6. Jh. v. Chr.) sich anlehnt, kommt der Dichter kaum zu Atem: In nur vier Sätzen werden die hochfahrenden Hoffnungen der orientalischen Königin inmitten ihrer verschnittenen Heerhaufen, ihr schmählicher Sturz durch Caesar Augustus, der im Zentrum des Gedichts steht, und schließlich das heroische Ende des *fatale monstrum* (des „todbringenden Ungeheuers“) herausgeschrien.

Ganz anders ist der Ton dann im Festlied zu den Säkularfeiern des Jahres 17 v. Chr. **(„Carmen saeculare")**, in denen Augustus den alten, lange nicht mehr geübten Brauch der Festspiele zur Einleitung eines neuen Jahrhunderts **(ludi saeculares)**, die alle 100 Jahre durchgeführt werden sollten, wieder aufnimmt, um nach der Beruhigung der politischen Wirren und nach der Festigung der eigenen Herrschaft den Beginn einer neuen Epoche feiern zu lassen. In getragenem Ton schreibt der zum Staatsdichter gewordene Horaz das Chorlied für die den Festreigen tanzenden Jünglinge und Mädchen, in dem der Segen der Götter für Rom erbeten wird, eine neue sittliche Ordnung und Frieden angekündigt werden und eine heile Zukunft für Rom prophezeit wird. Eingerahmt wird das Lied durch die Anrufung des göttlichen Geschwisterpaares **Apoll und Artemis**, des Gottes der Vernunft und der Göttin der Keuschheit. Selbst die sapphische Strophe, die Horaz hier verwendet und die nicht ohne Unruhe ist, fügt sich den ruhigen, würdevollen Worten.

Begonnen hat Horaz sein dichterisches Werk mit der römischen Gattung der Satire, in der er Lucilius (siehe S. 18 f.) zum Vorbild hat, dessen aggressive Tonart ihm aber fehlt. Seit 41 entstehen die beiden Bücher der Satiren, im Hexameter geschrieben, **„Sermones"** betitelt: Es handelt sich um nach dem kallimacheischen Kunstideal (siehe S. 45 f.) ausgefeilte „Plaudereien" über Themen, die seiner jeweiligen Erlebniswelt entstammen und ihm am Herzen liegen.

Mit den **17 Epoden**, die Horaz seit 40 niederschreibt (er nennt sie „Jambi"), führt er eine neue Form in Rom ein, inhaltlich und im Ton sind sie nicht weit von den Satiren entfernt (Epode 1: Wunsch des Horaz, den Maecenas zum Kampf gegen Antonius zu begleiten; Epode 2: Glück des Landlebens; Epode 3: Verdorbener Magen nach einem Knoblauchgericht; Epode 4: Ein Emporkömmling usw.). Die Epode ist distichisch (aus Zweizeilern bestehend) aufgebaut: Auf eine längere metrische Reihe (Vers) folgt jeweils eine kürzere (griech. *epodos:* Abgesang). Das Metrum ist vor allem vom Jambus geprägt: Horaz lässt etwa einem jambischen Trimeter einen jambischen Dimeter folgen (Epoden 1–10) oder einem Hexameter einen jambischen Trimeter (Epode 16).

Mit den Epoden beginnt Horaz die Dichtung, die er selbst als sein eigentliches Verdienst angesehen hat: Die **Erschließung der frühgriechischen Lyrik für Rom**, nachdem man sich bisher vor allem an hellenistische Vorbilder angelehnt hat. Mit seinen **„Jamben"** ahmt er **Archilochos** von Paros nach, den Söldner und frühen griechischen Dichter um 650 v. Chr.: *Numeros animosque secutus Archilochi* – „Ich folgte dem Metrum und dem Gefühlston des Archilochos" (Horaz, Epistel 1,19,24). Die Jambendichtung, deren Versmaß sich vom gewöhnlichen, ungebundenen Sprechton am wenigsten unterscheidet, eignet sich eher für nüchterne Aussagen, ist noch nicht eigentlich lyrisch.

Seit 30 v. Chr. wendet sich Horaz ganz der **eigentlichen Lyrik** zu, wobei ihm die beiden großen Dichter der Insel Lesbos, **Alkaios** und die schon von Catull verehrte **Sappho** (beide um 600 v. Chr.) Vorbilder sind, dann **Bacchylides** von Keos (1. Hälfte des 5. Jh. v. Chr.), der vor allem kultische Themen behandelt, und **Pindar** aus Böotien (518–446 v. Chr.), der große Schöpfer von Chorliedern. Die altgriechische Lyrik, deren Gedichte (besser Lieder) zur Lyra, der Leier, vorgetragen wurden, hat dem musikalischen Vortrag entsprechend eine Vielfalt komplizierter Versmaße entwickelt, die es dem Dichter ermöglichen, für seine Aussagen die jeweils adäquate metrische Form zu finden, vor allem die feinen Nuancen privaten Empfindens entsprechend auszudrücken. Die Lyrik ist die literarische Gattung, in der sich das **private Ich** des Dichters am ehesten ausspricht.

Sappho: Vorbild für Catull und Horaz

Es entstehen zunächst die ersten drei Odenbücher (der lateinische Titel lautet „**Carmina**"). Wenn sich auch hier manches auf den Staat bezieht, wie die an Alkaios sich anlehnende Allegorie vom Staatsschiff (Carmen 1,14), die die bereitwillige Hinwendung des Dichters zum Staat zeigt, oder das Carmen 1,2, in dem Augustus als ein zur Erde herabgestiegener Gott gepriesen wird, vor allem aber der Zyklus der Römeroden (Carmina 3,1–6), in der Horaz als Lehrer der Jugend, die zu Tugend und Tüchtigkeit erzogen werden soll, auftritt, so sind die Themen der Oden doch, der lyrischen Gattung entsprechend, meist privater Natur.

Oft handelt es sich um einen gemütvollen Selbstappell zur rechten Lebensweise. Horaz nimmt am Werk und Ergehen nahestehender Freunde Anteil und bringt immer wieder seine Zuneigung zu Maecenas zum Ausdruck sowie zu Vergil, den er „die Hälfte meines eigenen Lebens" nennt (Carmen 1,3,8: *animae dimidium meae*). Sein Sabinum ist ihm immer wieder Thema, Symbol einer heilen und angemessenen Welt; ebenso die Natur in ihren vielfältigen Erscheinungen der vier Jahreszeiten, dann der Wein, der die Abende verklärt. Auch die Liebe wird, wenn auch nicht mit der Direktheit und Leidenschaft Catulls, besungen. In einzigartiger Weise verbinden sich Naturerlebnis, Weingenuss und Liebe in Carmen 1,9 (Alkäische Strophe):

Vides ut alta stet nive candidum
Soracte[7] *nec iam sustineant onus*
Silvae laborantes geluque
Flumina constiterint acuto.

Dissolve frigus ligna super foco
Large reponens atque benignius
Deprome quadrimum Sabina,
O Thaliarche, merum diota.

Permitte divis cetera, qui simul
Stravere ventos aequore fervido
Deproeliantis, nec cupressi
Nec veteres agitantur orni.

Quid sit futurum cras, fuge quaerere, et
Quem Fors dierum cumque dabit, lucro
Adpone, nec dulcis amores
Sperne puer neque tu choreas,

Donec virenti canities abest
Morosa. Nunc et campus et areae
Lenesque sub noctem susurri
Conposita repetantur hora,

Nunc et latentis proditor intumo
Gratus puellae risus ab angulo
Pignusque dereptum lacertis
Aut digito male pertinaci.

Siehst du, wie weiß im tiefen Schnee der Soracte ragt und wie die Wälder ihre Last kaum noch zu tragen vermögen und die Bäche im klirrenden Frost erstarrt sind?

Vertreibe die Kälte, mein Thaliarch: Leg reichlich Holz ins Feuer und hole nicht zu wenig vom Wein, dem vierjährigen im sabinischen Krug!

Das Übrige stelle den Göttern anheim: Wenn sie die Winde, die auf dem brandenden Meere kämpfen, niederschlagen, rühren sich weder die Zypressen noch die alten Eschen.

Frage nicht danach, was morgen geschehen wird; zähle jeden Tag, den dir das Schicksal schenkt, als Reingewinn und achte nicht gering, mein Knabe, die Liebesspiele und die Reigentänze,

7 Der Berg Soracte erhebt sich, von Rom aus sichtbar, aus dem Tibertal zu 700 Metern Höhe.

solange noch dem jungen Leben das mürrisch machende Grauhaar fern ist. Noch mag dich der Sportplatz und das Marsfeld und bei Nacht das süße Flüstern zu abgesprochener Stunde locken,

noch gehört dein Herz dem verräterischen Lachen des Mädchens, das sich im abgelegenen Winkel verborgen hält, und dem Liebespfand, das du dem Arm oder dem kaum sich wehrenden Finger raubst.

Horaz: Carmen 1,9; Übersetzung von Richter.

Für einige Zeit unterbricht Horaz die Lyrik und kehrt zu seinen dichterischen Anfängen zurück. Im Jahr 23 beginnt er seine **„Epistulae“**, Literaturbriefe im Hexameter an verschiedene Adressaten. Sie sind den Satiren ähnlich, behandeln im 1. Buch – auf den antiken Philosophenschulen fußend – das angemessene, rechte Verhalten im Leben. Die drei Briefe des 2. Buches beschäftigen sich mit literaturtheoretischen Fragen. Der Brief an die Pisonen (Epistel 2,3) wurde **Horazens „Ars poetica“**, ein Lehrbuch über „Dichtkunst“. Aus allen Einzelheiten kristallisiert sich ein Leitgedanke heraus: Maßstab jeder guten Dichtung ist das **„decorum“**, das ihrer jeweiligen Art „Angemessene“. Die Aufgabe des Dichters ist es, für jedes Werk seiner Aussage und der Gattung entsprechend das rechte Maß zu finden, was von Horaz durch eine Fülle von Beispielen belegt wird.

Nachdem Horaz sich des ehrenvollen Auftrags, für die Säkularfeiern des Jahres 17 das Festlied zu schreiben („Carmen saeculare“), entledigt hat, kehrt er noch einmal zur Lyrik zurück, ein 4. Odenbuch entsteht, das von zwei Themen bestimmt wird: Herrscher (Augustus) und Dichtung. Damit werden nochmals die Pole sichtbar, zwischen denen sein späteres Leben steht. 8 v. Chr. stirbt Horaz, der sein 3. Odenbuch mit den stolzen Versen abgeschlossen hatte:

Exegi monumentum aere perennius
Regalique situ pyramidum altius ...

Ein Denkmal hab ich aufgerichtet, unvergänglicher als Erz
und ragender als königliche Pyramiden ...

Horaz: Carmen 3,30 im Asklepiadeus minor; Übersetzung von Richter.

6 Livius

Titus Livius wurde 59 v. Chr. in Padua geboren, 17 n. Chr. starb er in seiner Vaterstadt, drei Jahre nach dem Tod des Augustus, der sein Werk gefördert hatte.

Abgesehen von einigen längeren Romaufenthalten, während derer er im **Maecenaskreis** verkehrt, scheint sich Livius vor allem in seiner Heimatstadt aufgehalten zu haben, wo er, frei von politischen Pflichten, sich ganz seiner schriftstellerischen Tätigkeit widmet. Er ist der erste römische Historiker, der ohne eigene politische und militärische Erfahrung Geschichte schreibt.

In seinem großen Geschichtswerk, den **„Libri ab urbe condita“**, beschreibt er in 142 Büchern die Geschichte Roms von der Gründung der Stadt (753 v. Chr.) bis zum Tod des Drusus, des Stiefsohns des Augustus, im Jahre 9 v. Chr. Wahrscheinlich hat der Tod seine Darstellung hier unterbrochen. Die heute übliche Einteilung seines Werkes in Dekaden (Abschnitte zu je 10 Büchern) erfolgte in der späten Kaiserzeit (um 400 n. Chr.).

Nach dem **Vorbild der römischen Annalisten** (siehe S. 8 f.) berichtet Livius die Ereignisse Jahr für Jahr, wobei er sein Material von verschiedensten Autoren (z. B. Polybios) entlehnt, was die Qualität der einzelnen Passagen recht unterschiedlich macht. Je mehr er sich der eigenen Zeit nähert, desto mehr schwillt die Darstellung an. Über die Hälfte des Werkes ist dem Zeitalter der Revolution, vom Auftreten des Tiberius Gracchus (133 v. Chr.) an, gewidmet (Bücher 58–133). Erhalten sind die erste Dekade, die die Königszeit und die Zeit der frühen Republik bis zum Jahre 293 v. Chr. schildert, und die Bücher 21–45, die den Zeitraum von 218–167 v. Chr. umfassen, in der dritten Dekade die Auseinandersetzung Roms mit Hannibal darstellend, dem Führer der Karthager im Zweiten Punischen Krieg. Daneben ist noch aus dem 120. Buch die Darstellung von Ciceros Tod erhalten.

Mit seinem Werk schenkt Livius seiner Zeit eine **moderne Gesamtdarstellung der römischen Geschichte**, wie sie sich Cicero schon gewünscht hatte (Cicero, De legibus 1,5), wobei er weniger forschender Historiker als eloquenter Erzähler der Vergangenheit ist, im Stil durch Ciceros Vorbild geprägt, den er verehrte. „Den beredtesten Autor der Alten“ nennt ihn Tacitus (Agricola 10: *veterum eloquentissimum auctorem*). Sein Herz gehört wie das Vergils der sittenreinen, frommen Vorzeit des römischen Volkes, der alten Republik, die er im Revolutionszeitalter mit seinem Sittenverfall untergehen sieht und deren Erneuerung auch er sich von Augustus erhofft. Wie sehr ihn gerade die Frühzeit der Republik faszinierte, sagt Livius im Proömium seines Werkes:

Ceterum aut me amor negotii suscepti fallit aut nulla umquam res publica nec maior nec sanctior nec bonis exemplis ditior fuit, nec in quam civitatem tam serae avaritia luxuriaque immigraverint, nec ubi tantus ac tam diu paupertati ac parsimoniae honos fuerit.

Im Übrigen täuscht mich entweder die Liebe zu meinem in Angriff genommenen Werk oder es gab niemals einen ehrwürdigeren, heiligeren und an guten Vorbildern reicheren Staat (als Rom), in dem sich so spät erst Habsucht und Üppigkeit breitmachten, keinen, wo so hohe und so lang dauernde Wertschätzung Kargheit und Sparsamkeit galten.

Livius: Libri ab urbe condita, Praefatio 11.

Viele seiner „vorbildlichen Gestalten“ *(bona exempla)* fanden neben spannenden Erzählungen – wie dem Raub der Sabinerinnen (1,9) oder den kapitolinischen Gänsen, die durch ihr Geschrei in letzter Minute auf die angreifenden Gallier aufmerksam machen (5,47) – ihren Platz zu allen Zeiten in den Schulbüchern, etwa Lucretia, die nach der Schändung durch den Sohn des Königs Tarquinius Superbus Selbstmord begeht (1,58), oder Cincinnatus, der, als Diktator von der Feldarbeit weggeholt, nach getaner Arbeit sofort dorthin zurückkehrt (3,26–29).

Albrecht Dürer (1471–1528): Selbstmord der Lucretia

7 Die „vergessliche“ junge Generation

Im Jahr der Schlacht von Actium, die die Bürgerkriege beendete, war Vergil 39 Jahre alt, Horaz 34, Livius 28. Von den Vertretern der folgenden Dichtergeneration waren Tibull und Properz etwa 19, Ovid 12 Jahre alt. Hatten die älteren „Hofschriftsteller“ das Bürgerkriegszeitalter noch wirklich miterlebt und so die Herrschaft des Augustus als neue Zeit, als Beginn einer heiß ersehnten Friedensepoche empfinden können, so reichen bei Tibull und Properz gerade noch Kindheitserinnerungen in die blutige Zeit des Kampfes zurück, bei Ovid nicht einmal das. Diese drei Dichter wachsen schon in der **Zeit des Prinzipats** auf. Die großen Auseinandersetzungen der vergangenen Jahrzehnte, denen sich bisher kein Schriftsteller des 1. Jahrhunderts hatte entziehen können und die das Werk eines jeden geprägt hatten, sind für sie bereits Geschichte. Damit kann für sie nicht mehr das Leid um die untergehende Republik, die Hoffnung auf Beendigung des innenpolitischen Kampfes, die Sehnsucht nach einer inneren Erneuerung Roms das Thema sein. Die politischen Probleme scheinen gelöst, die Bürgerschaft hat sich der beherrschenden Persönlichkeit des Augustus untergeordnet, die **„pax Augusta“** hat das Reich nach außen und im Innern befriedet. Damit gerät der Staat aus dem Gesichtsfeld der jungen Dichter. Die neue Zeit hat ihnen ein **„otium“** (Freizeit als Freisein von jedem äußeren Anspruch an die eigene Person) beschert, das sie sogar den Anspruch des Gemeinwesens, dem bisher alles Denken und Trachten des Römers gegolten hat, vergessen lässt. Die **neue Dichtergeneration** ist eigentlich **apolitisch**, was im Rückblick auf die bisherige römische Geschichte und Literatur in gewissem Sinn auch **arömisch** bedeutet.

8 Epigramm und Elegie – die römische Liebeselegie

Das Epigramm (griech. *epigramma:* **Inschrift**) ist zunächst eine Inschrift im **Versmaß des Distichons**, eines Doppelverses, in dem jeweils einem locker fließenden Hexameter ein in der Mitte zweigeteilter, den Sprachfluss eher bremsender Pentameter folgt. Das Distichon bildet eine Einheit, häufig ist seine Aussage am Ende des Pentameters abgeschlossen. Da das Epigramm meist in Stein gemeißelt wird, ist es – dem spröden, schwer zu bearbeitenden Material entsprechend – kurz, geht oft über zwei oder vier Zeilen nicht hinaus.

Unvergesslich wurde das Epigramm des altgriechischen Dichters Simonides auf die in der Thermopylenschlacht 480 v. Chr. gegen die Perser gefallenen Spartaner:

O xein' angellein Lakedaimoniois hoti tede
keimetha tois keinon rhemasi peithomenoi,

das von Cicero so ins Lateinische übersetzt worden ist:

Dic, hospes, Spartae nos te hic vidisse iacentes,
dum sanctis patriae legibus obsequimur.

Uns ist die Fassung Friedrich Schillers geläufig:

Wanderer, kommst du nach Sparta, verkündige dorten, du habest
Uns hier liegen gesehen, wie das Gesetz es befahl.

Das Epigramm löst sich bald von der Inschrift und wird zu einer dichterischen Form, die sich besonders gut für **kurze, prägnante Aussagen** eignet und gern für Spottverse verwendet wird, was schon bei Simonides der Fall ist:

> Ich, der ich sehr viel getrunken und sehr viel gegessen und sehr viel
> Schlechtes von Menschen gesagt, liege hier, Timokreon.

In dieser **Parodie** (Auffüllen einer vorgegebenen literarischen Form mit unpassendem Inhalt) auf ein Grabepigramm wird die Entwicklung des Epigramms zu einer allgemeinen dichterischen Form deutlich.

Die **Elegie** bedient sich des Versmaßes des Epigramms, des Distichons. Rein formal könnte man sie als längeres Epigramm bezeichnen. Es handelt sich zunächst um ein zur Flöte gesungenes **Klagelied**. Vielleicht erklärt sich ihr Name aus dem griechischen Klageruf *e e lego* – „ich rufe ach, ach“. Aber schon früh wird sie auch für andere Inhalte verwendet, sie ist vor allem in der **lehrhaften Dichtung** beliebt. So schreibt Solon (um 600 v. Chr), der Begründer der attischen Demokratie, seine Gedichte, die meist politischen und lehrhaften Charakter haben, in der Form der Elegie. Die „Aitia“ des hellenistischen Dichters Kallimachos (siehe S. 45 f.), ebenfalls belehrende Dichtung, sind im elegischen Distichon geschrieben.

Zur römischen Liebeselegie; Bronzestatuette der Sandalen lösenden Venus

In Rom scheint sich die Elegie erstmals mit ganz neuem Inhalt gefüllt zu haben. Sie wird zum Liebesgedicht. Cornelius Gallus, der um 40 v. Chr. vier Bücher Elegien an seine Geliebte Lykoris herausgegeben hat, gilt als Erfinder und Begründer der **römischen Liebeselegie**. Seine Gedichte sind verloren. Erhalten sind uns die Liebeselegien von Tibull, Properz und Ovid, jener „tresviri amoris“, wie man sie ironisch genannt hat, indem man den Titel eines politischen Dreimännerkollegiums auf die „drei Fachleute“ der Liebe übertrug. Ihren ursprünglichen Charakter als Klagelied hat die Elegie in den „Tristia“ und den „Epistulae ex Ponto“ Ovids bewahrt, jenen Gedichten voller Trauer, die Ovid in der Verbannung schrieb.

9 Tibull und Sulpicia

Tibull, geboren um 50 v. Chr., gestorben 19 oder 17 v. Chr., aus dem Ritterstand stammend, Besitzer von Ländereien, gehört dem **Messallakreis** an, dem Dichterzirkel, den der wichtige Verwaltungsfachmann des Augustus, Messalla, an sich gezogen hatte, und dem auch Ovid angehörte: Die Atmosphäre in diesem Kreis war mehr privater Natur, die starke Hingabe an den Staat und an die augusteische Erneuerungsbewegung, die den Maecenaskreis prägt, fehlte hier. Im 1. Elegienbuch Tibulls steht seine Geliebte Plania unter dem Pseudonym Delia[8] im Mittelpunkt, die ihm mehr bedeutet als Ehre und Reichtum, und mit der in ländlicher Bescheidenheit beisammen zu sein, sein Lebensziel wäre. Zunehmend aber wird die Eifersucht bestimmend, als sich Delia von ihm abzuwenden beginnt.

Illustration zu den „Elegien“ des Tibull, Paris 18. Jh.: Tibull am Bett seiner Geliebten

Das 2. Buch ist vom Leiden um die Geliebte Nemesis geprägt, die sich einem anderen Mann zugewandt hat. Die Elegien des 3. und 4. Buches stammen wohl alle nicht von Tibull. Von besonderem Reiz sind hier die sechs kleinen **Gedichte der Sulpicia** (Corpus Tibullianum 4,7–12): Die Nichte Messallas fand im Freundeskreis ihres Onkels zur Dichtung. Hier hören wir die **einzige Frauenstimme in der römischen Poesie**, deren Herzensergüssen zwar die hohe Kunstfertigkeit ihrer großen männlichen Kollegen fehlt, die aber durch die Unbekümmertheit und Ehrlichkeit ihrer Aussage den Leser ergreift, so gleich im ersten Gedicht:

8 Die Insel Delos ist die Geburtsstätte Apolls, des Patrons der Dichtkunst.

Tandem venit amor, qualem texisse pudori
Quam nudasse alicui sit mihi fama magis.
Exorata meis illum Cytherea camenis
Attulit in nostrum deposuitque sinum.
Exolvit promissa Venus: Mea gaudia narret,
Dicetur siquis non habuisse sua.
Non ego signatis quicquam mandare tabellis,
Ne legat id nemo quam meus ante, velim,
Sed peccasse iuvat, vultus conponere famae
Taedet: Cum digno digna fuisse ferar.

Endlich ist die Liebe gekommen, die aus Scham zu verbergen,
als einem zu verraten, für mich ehrbarer wäre.
Erweicht durch meine Bitten hat ihn die Göttin von Kythera[9]
hergeführt und an meinen Busen gedrückt.
Venus hat ihre Versprechen erfüllt: Mag meine Freuden erzählen,
wenn einer keine eigenen hat.
Ich will nicht etwas versiegelten Papierchen anvertrauen,
damit keiner es liest als der Meine,
sondern die Sünde macht Spaß, die Miene dem Ruf zuliebe zu verstellen,
ekelt mich: Dass ich würdig mit einem Würdigen zusammengewesen bin,
wird man erzählen.

Corpus Tibullianum 4,7.

Nur mühsam fügt sich hier die Sprache dem Versmaß, was da hervorgesprudelt und ins Distichon gezwängt wird, lässt sich nicht leicht übersetzen. Aber man fühlt, wie es um das Herz des Mädchens bestellt ist, das, ohne Rücksicht auf gesellschaftliche Konventionen, sich trotzig zu seiner Liebe bekennt. Dass solche Gedichte der Öffentlichkeit preisgegeben wurden, ist kaum glaublich, zumal sie von einer Frau stammten! Sie wurden wahrscheinlich im intimen Freundeskreis vorgetragen und vielleicht in einem privaten Hauspoetenbuch Messallas aufbewahrt.

10 Properz

Sunt, qui Propertium malint – „manche mögen Properz lieber“ als Tibull, sagt Quintilian (Institutio oratoria 10,1,93). Und in der Tat wirkt Properz kraftvoller als der elegante Tibull, seine Elegien wirken stärker auf den Leser, aufwühlender.

9 Insel Kythera: Geburtsstätte der Venus.

Sextus Propertius (etwa 50–16 v. Chr.), Sohn eines römischen Ritters aus Assisi, fühlt sich weder für die militärische noch für die politische Laufbahn geboren, widmet vielmehr sein Leben, das er in Rom verbringt, ganz der Dichtung. Früh wird **Maecenas** auf ihn aufmerksam und zieht ihn in seinen Kreis. Freilich wird der Förderer auch zum unbequemen Mahner, der Properz für das literarische Programm des Augustus gewinnen will.

Die ersten drei Elegienbücher, die seit 29/28 v. Chr. erscheinen, sind fast ganz von der Liebe zu Hostia bestimmt, die Properz nach dem Berg Kynthos auf Delos, der Geburtsstätte Apolls, Cynthia nennt. Enthält das dritte Buch bereits manchen Hinweis auf Zeitereignisse wie den Zug des Augustus nach dem Osten (3,4) oder seinen Sieg bei Actium (3,11), wo ihm freilich die Macht Kleopatras über Antonius zur Entschuldigung der eigenen Hörigkeit gegenüber Cynthia dient, so wird Properz im vierten Elegienbuch ganz zum römischen Kallimachos (siehe S. 45 f.), er singt römische „Aitia", weist auf die „Ursprünge" in der Vergangenheit hin. Das letzte Gedicht (4,11) zeichnet in den Abschiedsworten der verstorbenen Cornelia, der Tochter von Augustus' zweiter Gattin Scribonia, an ihren Mann das Idealbild einer vornehmen, selbstlosen und national gesinnten Römerin und fügt sich damit ganz in die im Maecenaskreis gepflegte Atmosphäre.

Im Ganzen gesehen ist Properz freilich kein zweiter Horaz. **Amor und seine Welt** sind sein eigentliches Thema. Besonders stark haben in der Neuzeit seine Elegien auf Johann W. von Goethe gewirkt, der 1798 dem Properzübersetzer Karl Ludwig von Knebel gegenüber bekennt: „Sie haben eine Erschütterung in meiner Natur hervorgebracht." Die Elegie 1,3 von Properz hat Goethe in seinen „Besuch" umgebildet.

Qualis Thesea iacuit cedente carina
Languida desertis Gnosia litoribus,
Qualis et accubuit primo Cepheia somno
Libera iam duris cotibus Andromede,
Nec minus assiduis Edonis fessa choreis
Qualis in herboso concidit Apidano,
Talis visa mihi mollem spirare quietem
Cynthia non certis nixa caput manibus,
Ebria cum multo traherem vestigia Baccho
Et quaterent sera nocte facem pueri.
Hanc ego nondum etiam sensus deperditus omnis
Molliter inpresso conor adire toro . . .

Wie beim Entweichen des Theseusschiffs dalag
matt am verlassenen Gestade das Mädchen von Knossos,
und wie im ersten Schlaf Kepheus' Tochter dalag,

eben befreit vom harten Felsen, Andromeda,
und auch wie von endlosen Tänzen matt eine edonische Mänade
am grasgesäumten Apidanus hingestürzt ist,
so sah ich weiche Ruhe atmen
Cynthia, auf willenlose Arme ihr Haupt gelegt,
als ich spät in der Nacht meine Füße, berauscht
von vielem Bacchus, schleifte
und die Diener Fackeln schüttelten.
Und noch nicht ganz und gar mit allen meinen Sinnen verstört,
versuchte ich mit sanftem Druck auf das Polster
mich ihr zu nähern ...

Properz: Elegie 1, 3; Übersetzung von Klingner.

Kameoglas – Tafel aus Pompeji: Ariadne, die Geliebte des Gottes Dionysos, mit Satyr und Mänade

Schon in den ersten Zeilen der Elegie, die den verspäteten Besuch des Dichters bei der bereits schlafenden Geliebten zeigen, wird die **Funktion des Mythos** in der Dichtung des Properz deutlich. Mit drei Frauen des Mythos wird die schlafende Cynthia verglichen: Mit der von Theseus auf Naxos verlassenen Ariadne, der sich dann aber der Gott Dionysos (Bacchus) selbst genähert hat, um sie zu trösten; mit der an Meeresklippen von Perseus vor einem Drachenungeheuer geretteten Andromeda; mit einem Mädchen aus dem thrakischen Volksstamm der Edonen, das nach orgiastischem Tanz beim Kult des Dionysos erschöpft niedersinkt. Ariadne und die edonische Mänade[10] sind durch Dionysos, der beide bestimmt, verbunden. Der Dichter selbst kommt „berauscht von vielem Bacchus", fackelschwingende Knaben begleiten ihn. Nachdem er zunächst gebannt das schlafende Mädchen betrachtet hat, beginnt er leise mit der Schlafenden zu spielen, indem er zunächst die Kränze von seiner Stirn nimmt und sie um Cynthias Schläfen legt. Der Dichter selbst trägt hier Züge des Bacchus, der von fackelschwingenden Mänaden begleitet wird und mit Efeu oder Weinlaub bekränzt dargestellt wird.

Menschliche und göttliche Liebe werden im Gedicht auf einmal eins, Dionysos wird in der Gestalt des Properz sichtbar, Properz wird zu Bacchus. Anders gesagt: Properz hebt seine Liebe auf eine **mythische Ebene**, erhöht sie über den menschlichen Alltag hinaus in einen göttlichen Bereich, umgibt sie mit einer fast religiösen Aura. Der Mythos hat in der Dichtung des Properz eine tragende Rolle. In ihm spürt der Dichter gewissermaßen den göttlichen Hintergrund, die **universalen Kräfte des menschlichen Lebens** auf.

Schön ist, wie die Elegie dann nach dem erotischen Spiel mit der schlafenden Geliebten ausklingt in der Klage des erwachenden Mädchens über die durch das Fernbleiben des Geliebten sinnlos gewordene Nacht. Ganz anders ist die Stimmung in der **Nachdichtung Goethes:**

> Der Besuch
>
> Meine Liebste wollt' ich heut beschleichen,
> Aber ihre Türe war verschlossen.
> Hab ich doch den Schlüssel in der Tasche!
> Öffn' ich leise die geliebte Türe!
> Auf dem Saale fand ich nicht das Mädchen,
> Fand das Mädchen nicht in ihrer Stube;
> Endlich, da ich leis die Kammer öffne,
> Find ich sie, gar zierlich eingeschlafen,
> Angekleidet, auf dem Sofa liegen.
> Bei der Arbeit war sie eingeschlafen:
> Das Gestickte mit den Nadeln ruhte
> Zwischen den gefaltnen zarten Händen …

Schon der vierhebige (vier Betonungen) trochäische Vers unterscheidet sich in seiner simplen Eintönigkeit vom schwingenden Distichon mit seinen vielfältigen rhythmischen Möglichkeiten. Ganz anders ist auch die Handlung: Goethe gerät zufällig ins Kämmerlein der Geliebten, die ihn nicht erwartet. Als er auch am schlafenden Mädchen keinen „falschen Zug" entdecken kann, zieht er sich,

10 Mänaden: Weibliches Gefolge des Dionysos.

nachdem er „zwei Pomeranzen" (Orangen) und zwei Rosen auf dem Tischchen der Geliebten niedergelegt hat, diskret zurück, ohne das Mädchen geweckt zu haben. Entscheidend ist die Atmosphäre: Nichts mehr von dionysischem Rausch ist spürbar, Erotik macht sich nur ganz versteckt bemerkbar. Properzens leidenschaftliche Liebeselegie hat sich bei Goethe zur fast **biedermeierlichen Idylle** (in Form und Inhalt bescheiden-gemütvolle Dichtung) gewandelt.

11 Ovid

Der **fruchtbarste Dichter** der augusteischen Epoche war P. Ovidius Naso. Ihm flossen die Verse wie keinem anderen aus der Feder.

Obwohl auch er, der 43 v. Chr. in Sulmo östlich von Rom geboren wurde, sich durch eine rhetorische Ausbildung auf eine öffentliche Laufbahn vorbereitete, auch einige niedere Ämter bekleidete und unter anderem als Richter tätig war, verzichtet er schon auf die Bewerbung um die Quästur. Er zieht sich aus dem öffentlichen Leben zurück, um sein *otium,* das zu genießen ihm, der aus dem Ritterstand stammte, sein Vermögen erlaubte, ganz der Dichtkunst zu widmen. Ovid sagt von sich selbst:

At mihi iam puero caelestia sacra placebant,
Inque suum furtim Musa trahebat opus.
Saepe pater dixit „studium quid inutile temptas?
Maeonides nullas ipse reliquit opes."
Motus eram dictis, totoque Helicone relicto
Scribere temptabam verba soluta modis.
Sponte sua carmen numeros veniebat ad aptos,
Et, quod temptabam dicere, versus erat. …
Nec patiens corpus, nec mens fuit apta labori,
Sollicitaeque fugax ambitionis eram.
Et petere Aeoniae suadebant tuta sorores
Otia, iudicio semper amata meo.

Aber mir gefielen schon als Knaben die himmlischen Tempel,
und die Muse zog mich verstohlen in ihren Dienst.
Oft hat der Vater gesagt: „Welch unnütze Kunst betreibst du?
Selbst der Mäonide[11] hat keinerlei Reichtum hinterlassen."
Ich war beeindruckt von den Worten, ließ den Helikon[12] ganz hinter mir
und versuchte, die Worte ohne Versmaß niederzuschreiben.

11 Gemeint ist Homer.
12 Helikon: Berg der Musen in Böotien.

Aber von selbst geriet das Gedicht in die passenden Takte,
und, was ich zu sagen versuchte, war ein Vers. ...
Mein Körper hielt nicht viel aus, mein Geist war für Mühen nicht geschaffen,
aufregenden Ehrgeiz suchte ich zu vermeiden.
Die Schwestern Äoniens[13] empfahlen mir,
ungestörte Muße zu suchen, die meiner Art immer lieb war.

Ovid: Tristia 4,10,19–26 und 37–40.

Diese Haltung, die Ovid hier offen bekennt, hat ihm immer wieder die Vorwürfe seiner Kritiker zugezogen. Ein Römer, der Mühe und Arbeit scheut, musste Skepsis erregen. So schränkt Seneca sein hohes Lob gleich wieder ein:

Poetarum ingeniosissimum, ni tantum impetum ingenii et materiae ad pueriles ineptias reduxisset!

Der begabteste der Dichter, wenn er nicht den großen Schwung seines Geistes und Stoffes auf kindische Spielereien vergeudet hätte!

Seneca: Naturales quaestiones 3,27,13.

Und Quintilian sagt von Ovids „Medea“:

Ovidii Medea videtur mihi ostendere, quantum ille vir praestare potuerit, si ingenio suo imperare quam indulgere maluisset.

Die Medea Ovids scheint mir zu beweisen, wie viel dieser Mann hätte leisten können, wenn er seine Begabung hätte lieber meistern als ihr die Zügel schießen lassen wollen.

Quintilian: Institutio oratoria 10,1,98.

Auch moderne Literaturkritik schließt sich dem Tadel an. So sagt etwa Eduard Norden in „Die römische Literatur“: „Zwar hat dieser Dichter mit einer erstaunlichen Selbstständigkeit sämtlichen γενη (Gattungen), die er pflegte, eine neue Prägung gegeben; aber diese Produktivität war nur dadurch möglich, dass er die römische Literatur von dem Nährboden löste, aus dem sie Würde und Kraft gesogen hatte.“ Mit anderen Worten: **Ovid war kein Vergil**. Aber wie dieser wurde er zu allen Zeiten gelesen, hat viele Dichter inspiriert, beispielsweise **Ludovico Ariost** (bedeutender Dichter der italienischen Renaissance um 1500), **Johann W. von Goethe**, den österreichischen Dramatiker **Franz Grillparzer** oder den großen russischen Dichter **Alexander S. Puschkin**.

13 Musen in Böotien.

Begonnen hat Ovid, der im **Messallakreis** (siehe S. 73) verkehrt, sein Werk nach dem Vorbild seiner älteren Dichterkollegen Tibull und Properz mit Liebeselegien. Es erscheinen zunächst drei Bücher **„Amores“**, deren Elegien zum Teil seiner Geliebten Corinna gewidmet sind. Manches wird hier direkter gesagt als bisher gewohnt. Wenn Ovid etwa beschreibt, wie ihn zur Mittagsstunde Corinna im Schlafgemach besucht, die er nach halbherzigem Widerstand entkleidet, um dann gleichsam einen Akt des Mädchens in Worten zu malen:

Quos umeros, quales vidi tetigique lacertos!
Forma papillarum quam fuit apta premi!
Quam castigato planus sub pectore venter!
Quantum et quale latus! Quam iuvenale femur!

Was für Schultern, wie schön zu schauen und zu fassen die Arme!
Brüste wie fest! Ihre Form fordert die pressende Hand.
Nach der gemeißelten Brust wie blank dann der Leib und wie eben!
Edel die Hüfte und voll! Schenkel von Jugend gestrafft!

Ovid: Amores 1,5,19–22; Übersetzung von Marg und Harder.

Hier zeichnet Ovid freilich weniger die individuelle Geliebte als allgemein ein schönes Mädchen, wie seine Elegien überhaupt nicht das persönliche Ergriffensein eines Tibull und Properz, eine subjektive Gefühlswelt widerspiegeln. Ovid steht der Liebe mit ironischer Distanz gegenüber, behandelt das Thema Liebe, weniger die eigene Liebschaft. Dass Corinna beliebig auswechselbar ist, zeigt die 4. Elegie des zweiten Buches. Nachdem Ovid bekennt, dass er von der Liebe nicht lassen kann, sagt er:

Non est certa meos quae forma invitet amores;
Centum sunt causae cur ego semper amem.

Nicht ein besondrer Reiz lädt ein mein Begehren und Lieben;
Hundert Gründe sind da, immer in Flammen zu stehen.

Ovid: Amores 2,4,9 f.

Hierauf lässt er einen umfangreichen Mädchenkatalog folgen und schließt:

Denique quas tota quisquam probat urbe puellas,
Noster in has omnis ambitiosus amor.

Kurzum alle, die rings in der Stadt einem Manne gefallen,
Sind für mein Liebesbegehrn Lockung und Antrieb und Ziel.

Ovid: Amores 2,4,47 f.

Bei seiner Tragödie „Medea“, die verloren ist, scheint Ovid vor allem die Darstellung der Psychologie der verlassenen, in ihrer Verzweiflung zur Rasenden gewordenen Frau gereizt zu haben.

Die **„Epistulae Heroidum“** sind fingierte Liebesbriefe mythischer Frauen an ihre Gatten oder Geliebten, z. B. der Dido an Aeneas. Der Mythos – für Vergil oder Properz eine höhere, vorbildhafte Welt – liefert Ovid nur noch den

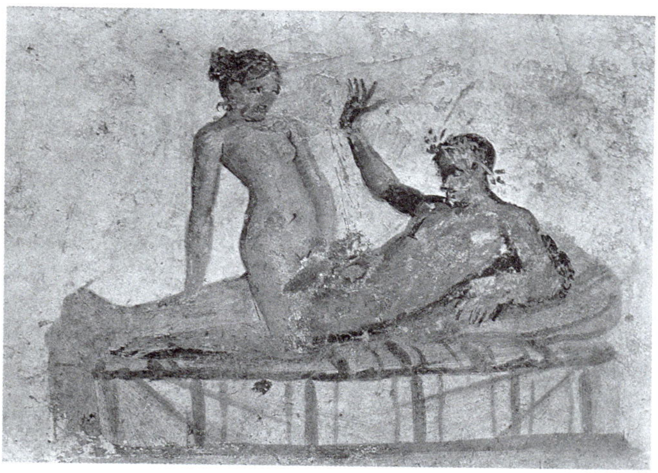

Fresko aus Neapel: Erotische Szene

Stoff für psychologische Spielereien. Indem Ovid die Heroide (Partnerin des heroischen Helden) auf das liebende Weib reduziert, entmythologisiert er gewissermaßen den Mythos. Die Freude an der Parodie, die sich in den „Heroiden“ schon andeutet, tritt in der **„Ars amatoria“** deutlich zutage. Hier schreibt Ovid ein Lehrepos[14], aber über ein neues Thema, die „Liebeskunst“: Ratschläge, wie man sich einem Mädchen nähert, es gewinnt, sogar sich über Fehler der Geliebten hinwegtäuscht usw., füllen das zur epischen Großform sich auswachsende, amüsant zu lesende Werk. Von ernsthafter Leidenschaft freilich wird abgeraten.

Der „Ars amatoria“ folgen die **„Remedia amoris“**, die Heilmittel gegen die Liebe, die Ovids Auffassung von der Liebe vervollständigen: Sie ist Spiel, man kann sich ihr hingeben und kann sie auch lassen.

Mit diesen beiden Lehrepen hat sich Ovid die **Großform des Epos** angeeignet, in den **„Metamorphosen“** bemächtigt er sich auch seines Geistes. In etwa 250 Verwandlungsgeschichten (griech. *metamorphe:* die Verwandlung)

14 Ovid verwendet hier weiter das elegische Distichon, erst die Metamorphosen sind im Hexameter, im „epischen“ Versmaß geschrieben.

verfolgt er die Weltgeschichte von der Erschaffung des Kosmos über die Ereignisse des Mythos, dann der historischen Zeit bis hin zu Augustus. Ist auch hier vieles mit leichter Hand und oft in parodistischer Manier niedergeschrieben, so wird doch eine große, philosophische Grundkonzeption deutlich, die die einzelnen Geschichten zu einem einheitlichen Epos zusammenwachsen lassen. Die Welt wird als eine **Welt der Wandlungen** gesehen. Der Umschlag von einem ins andere, ständiger Wechsel bestimmt den Kosmos.

In den zwölf Büchern „Fasti“, einer dichterischen Bearbeitung des römischen Festkalenders, behält Ovid den ernsteren Ton, den er in den „Metamorphosen“ angeschlagen hat, bei. In der Nachfolge des Kallimachos (siehe S. 45 f.) schreibt er römische „Aitia“, Lieder vom religiösen und geschichtlichen Hintergrund römischer Feste.

Trotz der „Fasti“ widerspricht das Werk Ovids im Ganzen der Erneuerungsbewegung des Augustus und der in ihr propagierten Rückbesinnung auf die altrömische Sittlichkeit. Im Jahr 8 n. Chr. kommt es zur Katastrophe in Ovids Leben. Augustus verbannt ihn auf Lebenszeit nach Tomis am Schwarzen Meer. Vorwand für die **Verbannung** ist die „Ars amatoria“, der eigentliche Grund ist die Verstrickung Ovids in einen nicht näher fassbaren Skandal um Julia, die Enkelin des Augustus.

Fern der geliebten Großstadt, in der ihm allein das Leben möglich erscheint, schreibt er mehrere Bücher Elegien, die alle von der Klage über die Trennung von Rom bestimmt sind, die „Tristia“ und die „Epistulae ex Ponto“. Die immer während Hoffnung auf eine Rückkehr hat sich nicht erfüllt. Im Jahr 17 oder 18 n. Chr. stirbt Ovid in Tomis. Vorher hatte er noch eine Lehrschrift über Fischfang, die „Halieutica“ (griech. *halieus:* der Fischer) in Angriff genommen.

Prinzipat und Klassik: die Zeit des Augustus

Geschichte: In der Schlacht von Actium 31 v. Chr. siegt Augustus über seinen Rivalen Antonius, das Zeitalter der Bürgerkriege ist beendet, eine lange Friedenszeit („Pax Augusta“) beginnt. An die Stelle der Republik tritt der Prinzipat, die in Rom weithin akzeptierte Alleinherrschaft des zum Retter Roms stilisierten Herrschers.

Literatur, Autoren und Werke: Die Literatur ist einerseits vom Herrscher Augustus bestimmt, dessen politische Erneuerungsbestrebungen sie stützt (Maecenaskreis: Vergil, Horaz, Livius), andererseits erreicht im Gegensatz zur Republik (Prosa) nun die Poesie ihren klassischen Höhepunkt (Vergils „Aeneis“, Horazens „Carmina“). In den Liebeselegien des Tibull, Properz und Ovid etabliert sich eine neue Gattung in Rom.

Kaisertum und Nachklassik: die Zeit Senecas und Tacitus'

1 Die ersten zwei Jahrhunderte der Kaiserzeit[15]

Im Jahr **14 n. Chr. stirbt Augustus**. Auf seinem Totenbett fragt er die um ihn versammelten Freunde, ob er das Spiel seines Lebens gut gespielt habe. Jedenfalls hinterlässt er ein im Inneren befriedetes, nach außen gesichertes und erweitertes Reich. Die Reichsgrenze war durch Feldzüge seines Stiefsohnes Tiberius an die Donau vorgeschoben worden, entlang deren Verlauf eine Reihe neuer Provinzen eingerichtet worden war: Rätien, Noricum, Pannonien, Illyrien, Mösien. **Tiberius**, der Sohn seiner dritten Gattin Livia, mit seiner Tochter Julia verheiratet, wird sein **Nachfolger**. Damit wird der **Prinzipat zur Monarchie**, die Herrschaft der **Julisch-Claudischen Dynastie** beginnt (der Vater des Tiberius ist Tiberius Claudius Nero). Der autoritäre Charakter der Kaiserherrschaft (jeder „Kaiser" führt den Namen Caesar im Titular) wird sehr schnell deutlich, als sich seit 16 n. Chr. Prozesse wegen Majestätsbeleidigung häufen.

War Tiberius ein ungeliebter Herrscher, so wird sein Nachfolger **Caligula** (reg. 37–41 n. Chr.), der Sohn seines Neffen Germanicus, bereits zum **Tyrannen**, der in maßloser Selbstüberschätzung göttliche Ehren für sich und seine abgöttisch geliebte Schwester Drusilla fordert. Die Grundlage seiner Herrschaft wird in den Prädikaten deutlich, die er sich zulegt: „filius castrorum", „pater exercituum" („Sohn des Feldlagers", „Vater der Heere") lässt er sich nennen: Seine Herrschaft stützt sich auf die Truppen.

Erlebt Rom unter Caligulas Nachfolger **Claudius**, seinem Onkel (reg. 41–54), der die Eroberung Britanniens in Angriff nimmt, noch eine relativ ruhige Zeit, so wird die Herrschaft **Neros** (reg. 54–68), des Neffen Caligulas, zur Katastrophe. Morde über Morde, denen seine Mutter, seine Gattin, sein Lehrer Seneca sowie viele republikanisch gesinnte Römer zum Opfer fallen, begleiten seine Laufbahn. Die erste große und grausame **Christenverfolgung** geht auf Neros Konto. Nero fühlt sich mehr als Schauspieler denn als Kaiser, er tritt als

15 Wichtiges Quellenmaterial bieten die Werke des Tacitus und die zwölf Kaiserbiografien Suetons aus dem beginnenden 2. Jahrhundert n. Chr. (von Caesar bis Domitian).

Wagenlenker, Kitharöde[16] und Sänger vor das Volk. Er regiert nach Lust und Laune, bis er schließlich von seinen eigenen Anhängern zum Selbstmord gezwungen wird.

Unter den Julisch-Claudischen Kaisern wird erst deutlich, dass die römische Republik in den Bürgerkriegen wirklich zugrunde gegangen war und nackter Gewaltherrschaft, die durch den Prinzipat des Augustus nur vorübergehend verdeckt und aufgehalten werden konnte, hatte weichen müssen. Andererseits verdanken **Monster auf dem Kaiserthron** wie Caligula und Nero ihr Dasein nur der allgemeinen Ruhe im Reich, die zum großen Teil Augustus zu verdanken war.

Das Imperium Romanum erlebt in den ersten zwei Jahrhunderten n. Chr. eine relativ glückliche Zeit. Die **Länder des orbis Romanus** leben in tiefem **Frieden**, ohne Bedrohung von außen. Die Reichsverwaltung ist eingespielt und funktionstüchtig. Ein reger Handelsverkehr verbindet auf dem vorbildlichen Straßennetz zu Lande – über 100 000 Kilometer Hauptstraßen durch-

Tiberius

Caligula

Nero

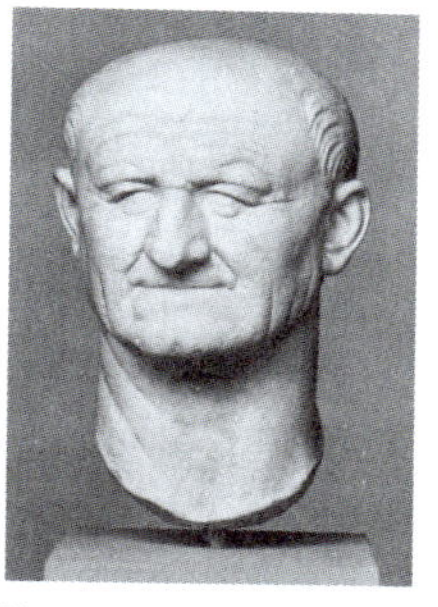
Vespasian

zogen das Reich –, über die Mittelmeerschifffahrt die großen Städte miteinander, deren Einwohnerzahlen (Rom, Lugdunum – Lyon, Karthago, Ephesus, Alexandria) sich der Millionengrenze nähern. Landwirtschaft und Industrie blühen, es gibt viele Reiche, auch Neureiche, oft freigelassene ehemalige Sklaven. Die Versorgung des Proletariats durch staatliche Getreideverteilung und private Spenden ist vorerst kein Problem. Auch die Kultur profitiert von der allgemeinen Ruhe und dem durch sie bedingten Wohlstand. Jede größere Stadt lässt ein bedeutendes Amphitheater bauen und besitzt Rhetorenschulen (siehe S. 31) zur Ausbildung der Jugend.

16 Kithara: griechisches Saiteninstrument.

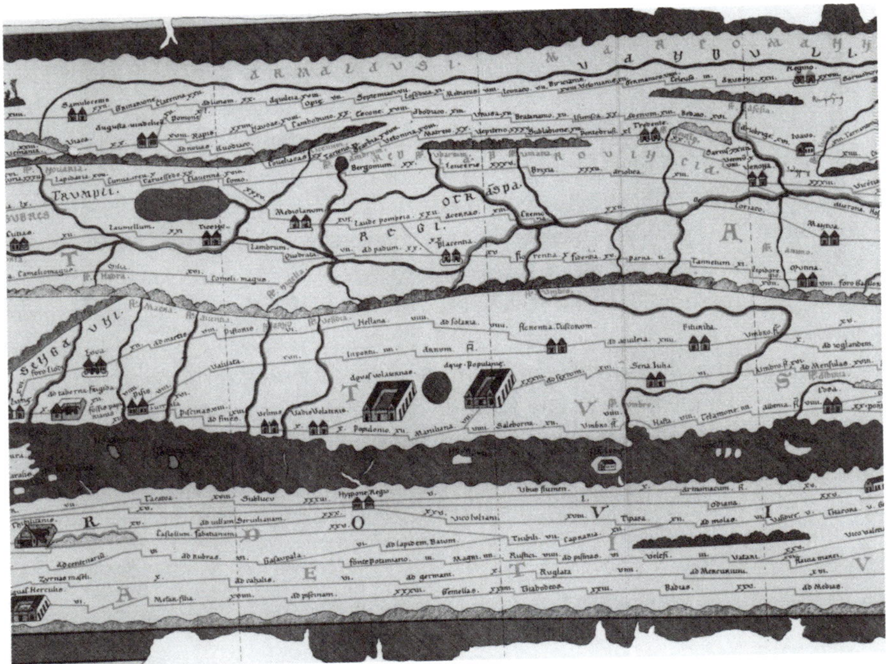

Ausschnitt aus der Tabula Peutingeriana: mittelalterliche Kopie des 12./13. Jh. einer römischen Straßenkarte *(itinerarium pictum et adnotatum)*

Damit spielt sich das Leben in Rom und am Kaiserhof, was sonderbar klingen mag, eher am Rande des Imperiums ab, wird in den Provinzen oft gar nicht zur Kenntnis genommen. In direkte Mitleidenschaft ist nur die engere Umgebung des Kaisers gezogen, der Senat in Rom vor allem und die hohen Magistrate, die nach wie vor offiziell weiter bestehen, obwohl sie sich tatsächlich völlig dem Kaiser unterzuordnen haben.

In Rom kann man aufatmen, als mit dem Tod Neros **Titus Flavius Vespasianus** (reg. 69–79 n. Chr.), der Feldherr der syrischen Reichstruppen, die Herrschaft gewinnt, eine aufrechte und gewissenhafte Soldatennatur, der versucht, die neronische Misswirtschaft zu beenden. Er begründet die **Flavische Dynastie,** die nach der kurzen Regierung seines Sohnes Titus (reg. 79–81 n. Chr.) in Titus' Bruder **Domitian** (reg. 81–96) Rom freilich einen neuen grausamen Tyrannen beschert, der jede freiheitliche Bestrebung unterdrückt.

Nach Domitians Ermordung durch seine Leibgarde wird nochmals ein Hauch der alten Republik spürbar. Der Senat ernennt seinen Ratsältesten, **Nerva** (reg. 96–98), zum Kaiser, der durch seine Nachfolgeregelung dem Römischen Reich ein glückliches Jahrhundert bescheren sollte. Er bestimmt, dass der Kaiser den jeweils Fähigsten im Reich zum Nachfolger bestimmen soll, und adoptiert **Trajan**, einen Spanier, mit dem erstmals ein Provinzialrömer den Kaiserthron besteigt. Unter ihm erreicht das Reich seine größte Ausdehnung, die Provinz Dakien, das heutige Rumänien, wird erobert. Mit Trajan (reg. 98–117) beginnt die Reihe der liberal gesinnten sogenannten **Adoptivkaiser. Hadrian** (reg.

Vierrädriger Reisewagen mit Maultiergespann

117–138 n. Chr.), der „Reisekaiser", ein begeisterter Freund der griechischen Kultur, betreibt eine konsequente Friedenspolitik im Innern und nach außen. Unter dem Nachfolger des Antoninus Pius (reg. 138–161), **Marc Aurel** (reg. 161–180), macht sich aber schon erstmals eine Gefahr bemerkbar, der Rom einst zum Opfer fallen sollte: Marc Aurel stirbt im Feldlager in Wien; er hatte gegen an der Donau ins Reich einbrechende Germanen, die Markomannen, zu Felde ziehen müssen.

2 Die Literatur der Kaiserzeit

Während der ganzen römischen Republik bis in die Prinzipatszeit hinein stand die **römische Literatur** immer in enger **Auseinandersetzung mit staatlichem Geschehen**, das staatliche Leben spiegelte sich in der Literatur und bestimmte sie. Für viele Schriftsteller – Cicero ist das Musterbeispiel dafür – nahm der Staatsdienst die erste Stelle im Leben ein, die Literatur hatte ihren Platz im *otium,* der Zeit des Ausruhens von staatlicher Tätigkeit. Politik und Literatur ergänzten sich wiederum, der Staat fand seine geistige Begründung in der Literatur, man denke nur an Vergil und Horaz. Selbst die Abwendung vom Staat, wie sie etwa von den Neoterikern (siehe S. 47) praktiziert wurde, war nur eine Antwort auf die Politik der Zeit und damit eigentlich auch noch politisch.

Mit der Monarchie war der **Staat als „res publica“**, als eine „öffentliche Angelegenheit“, die damit jeden Einzelnen anging, **zusammengebrochen**. Damit ist eine völlig neue Situation entstanden. Die kaiserzeitliche Literatur steht neben dem Staat, ja ist in dem Moment gefährdet, in dem sie sich in staatliche Angelegenheiten und damit in Angelegenheiten des Kaisers einzumischen wagt. Damit hat sie ihre eigentliche Antriebskraft, von der sie bisher bestimmt worden war, verloren.

Ein Zweites kommt dazu: Die römische Literatur hatte das ihr eigene Gepräge durch ständige **schöpferische Auseinandersetzung mit der griechischen Kultur** erhalten. Im Ringen mit dem griechischen Vorbild hatte sich das ihr eigene Gesicht geprägt. Immer wieder hatten große römische Schriftsteller griechische Literaturgattungen für Rom erschlossen. Vielfach wird jetzt **bereits in Rom Vorgeprägtes** nachvollzogen. Nach Ennius und Vergil werden weiter Epen geschrieben (von Manilius: Astronomica; Lukan: Pharsalia, ein Epos über den pompeianisch-caesarischen Bürgerkrieg; Valerius Flaccus: Argonautica; Statius: Thebais, vom Untergang der Ödipussöhne Eteokles und Polyneikos handelnd), nach Lucilius und Horaz weiter Satiren gedichtet (von Persius, Juvenal), aber es ist schwierig, das eigene Werk dichterisch von den Vorgängern abzuheben und es individuell zu profilieren. Mit einem Wort, die Schriftsteller haben es in der neuen geistesgeschichtlichen Situation schwer. Dennoch hat sich mancher einen Platz in der Weltliteratur gesichert.

3 Velleius Paterculus

Velleius Paterculus (ca. 20 v. Chr. bis 30 n. Chr.) ist ein treu dem Kaiserhaus ergebener Geschichtsschreiber, dem Ruhe, Ordnung und Sicherheit des Reiches, die er durch den Kaiser garantiert sieht, als Idealzustand erscheinen.

Er stammt aus einer Ritterfamilie in Capua und schlägt die Offizierslaufbahn ein, in der er unter Kaiser Tiberius einen höheren militärischen Rang bekleidet (*legatus legionis:* Befehlshaber einer Legion). Im Jahr 15 n. Chr. gelangt er auch zu politischen Ehren, er wird Prätor. Dem Sohn seines ersten militärischen Vorgesetzten, M. Vinicius, dem Konsul des Jahres 30 n. Chr., widmet er zum Amtsantritt eine zweibändige, schnell, aber frisch und lebendig niedergeschriebene „Römische Geschichte" (**„Historia Romana"**), die mit der Zerstörung Trojas beginnt und mit dem Jahr 30 n. Chr. endet. Die anfangs nur skizzenartige Darstellung wird vom Jahr 49 v. Chr. an, dem Beginn des Bürgerkrieges zwischen Caesar und Pompeius, ausführlicher. Ein ganzes Viertel ist dann der preisenden Darstellung des Tiberius gewidmet.

Der Übergang von der Republik zum Prinzipat des Augustus und zur Kaiserzeit scheint Velleius Paterculus nicht mehr bewusst geworden zu sein. Jedenfalls übernimmt er unbesehen die Selbstdarstellung des Augustus in dessen Rechenschaftsbericht („Monumentum Ancyranum"; siehe S. 54 f.), in der sich Augustus als Beender der Bürgerkriege und Erneuerer der römischen Republik bezeichnet:

> *Nihil deinde optare a dis homines, nihil dii hominibus praestare possunt, nihil voto concipi, nihil felicitate consummari, quod non Augustus ... rei publicae populoque Romano terrarumque orbi repraesentaverit: Finita vicesimo anno bella civilia, sepulta externa, revocata pax, sopitus ubique armorum furor, restituta vis legibus, iudiciis auctoritas, senatui maiestas, imperium magistratuum ad pristinum redactum modum ... Prisca illa et antiqua rei publicae forma revocata rediit cultus agris, sacris honos, securitas hominibus, certa cuique rerum suarum possessio.*
>
> Nichts können dann die Menschen von den Göttern erbitten, nichts die Götter den Menschen schenken, nichts kann als Wunsch gedacht werden, nichts kann im Glück ganz in Erfüllung gehen, was nicht Augustus dem Staat und dem römischen Volk und dem ganzen Erdkreis geschenkt hätte: Nach 20 Jahren wurden die Bürgerkriege beendet, auswärtige begraben, die Raserei der Waffen allenthalben zur Ruhe gebracht, wiederhergestellt wurden die Macht der Gesetze, die Autorität der Gerichte, die Würde des Senats, die Gewalt der Beamten wurde auf ihr früheres Maß beschränkt. Nach Wiederherstellung jener altehrwürdigen Republik stellten sich wieder die Pflege der Felder, die Verehrung der Heiligtümer, Sicherheit für die Menschen und der sichere Besitz seines Eigentums für einen jeden ein.
>
> Velleius Paterculus: Historia Romana 2, 89.

In dem überschwänglichen **Preis der dem Augustus verdankten Wohltaten** und in der verständlichen Dankbarkeit über die nach den Wirren der Bürgerkriege endlich wieder einkehrende Sicherheit übersieht Velleius Paterculus, dass in jener „wiederhergestellten altehrwürdigen Republik" deren wichtigstes Merkmal abhandengekommen ist: die republikanische Freiheit.

4 Curtius Rufus

Hat Velleius Paterculus ganz im Sinne des Kaiserhauses römische Geschichte geschrieben, so wendet sich der Historiker Q. Curtius Rufus unter Kaiser Claudius (reg. 41–54 n. Chr.; manche Forscher datieren Curtius in die Zeit der Flavischen Dynastie) einem unverfänglichen Thema zu: Er erzählt die Geschichte Alexanders des Großen, **„Historiae Alexandri Magni Macedonis"**, in zehn Büchern. So hatte schon Pompeius Trogus unter Kaiser Augustus in seinen „Historiae Philippicae" eine weit über die Geschichte Philipps von Makedonien, des Vaters Alexanders des Großen, hinausgehende Universalgeschichte des Mittelmeerraumes geschrieben (es ist nur eine spätere Kurzfassung erhalten), um jede Verwicklung in die Zeitgeschichte zu vermeiden. Eine wissenschaftlich exakte Darstellung interessiert die Zeit nicht. Die Geschichte des Curtius hat **romanhafte Züge**. Sie stellt voller Dramatik das Leben des jungen, in seiner Persönlichkeit höchst zwiespältigen makedonischen Königs dar, der die Welt eroberte. Eine spannende Unterhaltungslektüre für ein geschichtlich interessiertes Laienpublikum wird da geboten, die immer wieder, vor allem im Mittelalter, gern gelesen wurde und im Lateinunterricht des Gymnasiums heute ihren mehr oder weniger festen Platz hat.

5 Exkurs: Die Stoa

Gegründet wurde die Philosophenschule der Stoa (genannt nach dem Schulgebäude, griech. *stoa:* Säulenhalle) in Athen von **Zenon von Kition** (um 330–260 v. Chr.), einem auf Zypern geborenen Syrer. Wie der jonische Naturphilosoph Heraklit[17] sieht er im **Feuer das Element**, aus dem der Kosmos besteht. Das Feuer formt sich in der Welt zu allen bestehenden Dingen aus (vgl. in der heutigen Physik die Lehre von den Atomen, aus denen die verschiedenen Dinge bestehen, oder den Begriff der Energie), um diese dann nach Ablauf eines Weltenkreises in einem Weltenbrand wieder in Flammen aufgehen zu lassen und gleichsam in sich zurückzuholen. Aus dem Feuer wird dann eine neue Welt geboren, die nach den gleichen ehernen Gesetzen abläuft wie die alte, um in einem neuen Weltenbrand sich wieder in Feuer aufzulösen. So schließt sich ewig ein Weltenkreis an den anderen in immer gleicher Gesetz-

17 Heraklit (um 550–480 v. Chr.). Seit Thales von Milet in der ersten Hälfte des 6. Jahrhunderts v. Chr. beginnen die im jonischen Kleinasien beheimateten Naturphilosophen über die Elemente und Bewegkräfte des Kosmos nachzudenken.

mäßigkeit, in immer sich bis in alle Einzelheiten gleichendem Ablauf. Die **Lehre Zenons ist monistisch**, es gibt nur ein die Welt formendes Prinzip, alles, auch der menschliche Geist, ist Materie (Feuer).

Ihre schriftliche Fixierung verdankt die stoische Lehre vor allem Chrysippos (280–207 v. Chr.), einem Nachfolger Zenons in der Schulleitung.

Modell der Stoa im 2. Jh. n. Chr.

Im Gegensatz zur sogenannten **„älteren Stoa"** kommt in der **„mittleren Stoa"**, deren Hauptvertreter **Panaitios von Rhodos** (ca. 180–110 v. Chr.) – er verkehrt im Scipionenkreis – und **Poseidonios** (ca. 130–50 v. Chr.), den Cicero hörte, sind, ein neuer Zug in die stoische Lehre. Unter dem Einfluss der Ideenlehre Platons (4. Jh. v. Chr.) wird ihre **Weltsicht zunehmend dualistisch:** Das Feuer wird zum die Welt durchwaltenden göttlichen Geist, **Feuer und Materie** beginnen, sich als **zwei Prinzipien** gegenüberzustehen. Das göttliche Feuer wird oft Jupiter genannt.

Die Vorstellung vom Kosmos ist folgende: Die von göttlicher Gesetzmäßigkeit geprägte materielle Welt ist außen vom Feuer umhüllt, das in der Großartigkeit der Sternenbahnen am Firmament für das menschliche Auge sichtbar wird. Der **Mensch** nun trägt einen Funken des göttlichen Feuers in sich (Geist, Seele), ist damit weltgebundene **Materie und Geist** zugleich. Es entwickelt sich die Vorstellung, dass eine geläuterte Seele nach dem Tod hinauf zu den Sternen steige, um sich mit dem göttlichen Urfeuer zu vereinen.

Hatte schon in der älteren Stoa die **Ethik** einen wichtigen Platz eingenommen, so steht sie auch in der mittleren Stoa im Zentrum des philosophischen Denkens. Obwohl die Welt streng determiniert (festgelegt) ist, ist der **Mensch frei**, da er in seinem Geist einen Funken des göttlichen Feuers in sich trägt. Seine Freiheit besteht darin, dass er die Gesetzmäßigkeit der Welt erkennt. Seine Tugend ist es, sich in die geschaute Gesetzmäßigkeit der Natur bewusst zu fügen und somit die Schöpfung mitzuvollziehen. Diese **Weltsicht** erscheint freilich reichlich **fatalistisch**. Seneca formuliert die vom Stoiker geforderte ethische Haltung so:

> *Ad hanc legem animus noster aptandus est; hanc sequatur, huic pareat; et quaecumque fiunt, debuisse fieri putet nec velit obiurgare naturam. Optimum est pati, quod emendare non possis, et deum, quo auctore cuncta proveniunt, sine murmuratione comitari: Malus miles est, qui imperatorem gemens sequitur.*
>
> In dieses Gesetz (der Natur) hat sich unser Geist zu fügen; ihm folge er, ihm gehorche er; und was geschieht, das – soll er wissen – geschieht mit Notwendigkeit, und er kritisiere die Natur nicht. Das Beste ist es, hinzunehmen, was man nicht ändern kann, und der Gottheit, durch die alles seinen Verlauf nimmt, ohne Murren zu folgen: Ein schlechter Soldat ist, wer dem Feldherrn nur murrend folgt.
>
> Seneca: Epistel 107,9.

Für den Römer der Republik war der stoische Gesichtspunkt wichtig, dass das weltliche Geschehen göttlichen Ursprung habe. Damit kann er staatliche Tätigkeit philosophisch begründen. Sie fügt sich in einen göttlichen Gesamtplan. Auch der Gedanke spricht den Römer an, dass die Gottheit den Kosmos lenkt, der menschliche Geist die ihm anvertraute Welt des Staates. Damit erscheint die stoische Lehre im Gegensatz zum eher staatsfeindlichen Epikureismus (siehe S. 44) als eine **den Staat stützende Philosophie**.

In der Kaiserzeit aber, in der die Stoa durch **Seneca** und **Marc Aurel** (*Eis heauton* – „Selbstbetrachtungen" in griechischer Sprache) ihre eigentlich römische Ausprägung erhält (**„jüngere Stoa"**), wird die stoische Dulderhaltung zum hauptsächlich behandelten Thema. Ziel jeglichen Philosophierens wird die **„Ataraxia"** (griech. „Unerschütterlichkeit"), die den Menschen befähigt, sich in jedes Schicksal, selbst in den Tod, mit stoischer Ruhe zu fügen und so seine Freiheit zu wahren.

6 Seneca

Den Höhen in Senecas Leben entsprachen seine Tiefen. Lucius Annaeus Seneca (4 v. Chr.–65 n. Chr.) stammt aus einer begüterten Familie aus Cordoba in Spanien, die dem Ritterstand angehört. Sein Leben verbringt er in Rom. Nach der üblichen Ausbildung wird er von den Stoikern Sotion und Attalos in die Philosophie eingeführt. Beiden ging es weniger um theoretische Philosophie als um die Erziehung zu stoischer Tugendhaftigkeit. Nach dem Jahr 30 n. Chr. wird Seneca Quästor, bald danach wird er in den Senat aufgenommen. Unter Kaiser Caligula zählt er schon zu den führenden Rednern und Literaten in Rom. Nach dem Tod Caligulas kommt es zur ersten **Katastrophe im Leben Senecas:** 41 n. Chr. wird er von Kaiser Claudius wegen eines angeblichen Ehebruchs mit Caligulas Schwester Julia Livilla **nach Korsika verbannt**. Erst auf Betreiben von Claudius' vierter Frau Agrippina wird Seneca nach langen und bitteren Jahren auf der unwirtlichen Insel 49 zurückgerufen und zum **Erzieher von Agrippinas Sohn Nero**, dem Stiefsohn des Claudius, ernannt. 50 wird er Prätor. Wie sehr Seneca seit seiner Verbannung den Claudius gehasst haben muss, wird in seiner „Apokolokyntosis" (griech. *kolokynte:* der Flaschenkürbis; vgl. das deutsche „jemanden veräppeln") deutlich, in seiner Satire auf den 54 n. Chr. verstorbenen (von Agrippina vergifteten) Kaiser, in der er in gnadenloser Bissigkeit den Toten lächerlich macht, den er nach seiner Todesstunde (Apokolokyntosis 2,4: *Claudius animam agere coepit nec invenire exitum poterat* – „Claudius begann seine Seele in Bewegung zu setzen und konnte den Ausgang nicht finden") auf der Suche nach göttlichen Ehren hinkend und stotternd durch den Himmel irren lässt, um ihn dann in der Unterwelt landen zu lassen, wo er für seine Verbrechen bestraft wird. Seneca bedient sich hier der Menippeischen Satire (siehe S. 19), in der zu den manieriert schwülstigen Versen die übertrieben banale, saloppe Prosa in krass-komischen Gegensatz tritt.

Der sog. „Pseudo-Seneca"

Man hat Seneca vielfach übel genommen, dass er neben der „Apokolokyntosis" auch die ernste offizielle Leichenrede auf den verstorbenen Stiefvater für den jungen Kaiser Nero geschrieben hat.

Unter seinem Schüler Kaiser Nero spielt Seneca zunächst neben dem Präfekten der kaiserlichen Leibgarde Burrus als **politischer Berater Neros** die maßgebende Rolle im Staat. Privat gelangt er zu gewaltigem Reichtum. Aber bald wird er dem immer haltloser werdenden Nero lästig und muss sich in den **Ruhestand** zurückziehen, den er – in ständiger Angst vor dem unberechenbaren Kaiser – der Schriftstellerei widmet. In seinem 73. Brief versucht Seneca, den Philosophen als Muster politischen Desinteresses hinzustellen, der keinerlei Argwohn seitens des Herrschenden verdient:

Errare mihi videntur, qui existimant philosophiae fideliter deditos contumaces esse et refractarios, contemptores magistratuum aut regum eorumve, per quos publica administrantur. Ex contrario enim nulli adversus illos gratiores sunt: Nec inmerito. Nullis enim plus praestant quam quibus frui tranquillo otio licet.

Zu irren scheinen mir Leute, die meinen, dass treu der Philosophie ergebene Menschen widersetzlich und aufrührerisch sind, Verächter der Magistrate oder der Könige oder eben derer, von denen der Staat verwaltet wird. Ganz im Gegenteil ist ihnen gegenüber niemand dankbarer: Und das mit Grund. Für niemanden tun sie nämlich mehr als für die, die ungestörte Muße genießen dürfen.

Seneca: Epistel 73,1.

Trost und Halt im erzwungenen Ruhestand ist Seneca die Philosophie. 65 n. Chr. lässt ihm, der angeblich an einer von Piso ausgehenden Verschwörung beteiligt gewesen sei, Nero den Befehl zum **Selbstmord** zustellen, den Seneca in bewundernswerter **Ruhe und Gelassenheit** vollzieht (Tacitus, Annalen 15,62).

Von Seneca sind neun Tragödien erhalten (ein „Ödipus", eine „Medea"), denen Tragödien der drei großen griechischen Tragiker des 5. Jahrhunderts v. Chr., des Aischylos, des Sophokles und des Euripides, als Vorlage dienten. Es handelt sich um zur Rezitation bestimmte Lesedramen, die nicht für die Bühne gedacht sind. Es geht Seneca hier um die wirkungsvolle Darstellung zerstörerischer Leidenschaften wie Eifersucht, Liebe, Machthunger usw., womit in seinen Dramen das gleiche Anliegen sichtbar wird wie in seinen philosophischen Schriften: Warnung vor den die Menschen in Unfreiheit verstrickenden Leidenschaften.

Die Echtheit der Praetexta (siehe S. 11) „Octavia", von der unglücklichen Gattin Neros handelnd, wird von der Forschung bezweifelt.

Senecas Dialoge bestehen beinahe ausschließlich aus praktischer, von stoischem Geist getragener Moralphilosophie: „De clementia", ein Fürstenspiegel (Mahnschrift an einen Fürsten), den er dem jungen Nero widmet; „De providentia" („Über die Vorsehung"); „De vita beata" („Über das glückliche Leben"); „De tranquillitate animi" („Über die Seelenruhe"); „De brevitate vitae" („Über die Kürze des Lebens"); „De ira" („Über den Zorn"); „De otio" („Über die Muße"); die drei Trostschriften an Marcia, an Polybius, einen Hofbeamten des Claudius, und an seine Mutter Helvia; „De beneficiis" („Über die Wohltaten"). Selbst die auch in Dialogform dargestellte Abhandlung über naturwissenschaftliche Fragen, die „Naturales quaestiones", geben moralischen Betrachtungen weiten Raum.

Am reifsten in Inhalt und Sprache sind die dem jüngeren Freund Lucilius gewidmeten **„Epistulae morales"**. Hier tritt uns die Person Senecas am deutlichsten entgegen. In unentwegtem Ringen mit sich selbst sucht Seneca sich seiner stoischen Grundhaltung zu vergewissern. Es geht darum, die eigene Person autark zu machen, unabhängig von allen äußeren Einflüssen. Im Innern ist die Seele durch **ständiges moralisches Training**, durch Meditation, so zu festigen, dass sie sich ihrer selbst immer sicher sein kann. Im 20. Brief formuliert Seneca als Maxime:

> *Quid est sapientia? Semper idem velle atque idem nolle.*
>
> Was ist Weisheit? Immer dasselbe wollen und dasselbe nicht wollen.
>
> Seneca: Epistel 20,5.

Nach außen muss der Mensch so unabhängig werden, dass er auf alles verzichten kann, auf Reichtum, Gesundheit, ja selbst auf das Leben, um so jedem Schicksalsschlag gewachsen zu sein:

> *Sive nos inexorabili lege fata constringunt, sive arbiter deus universi cuncta disponit, sive casus res humanas sine ordine impellit et iactat, philosophia nos tueri debet. Haec adhortabitur, ut deo libenter pareamus, fortunae contumaciter. Haec docebit, ut deum sequeris, feras casum.*
>
> Ob uns ein Schicksal mit unerbittlichem Gesetz bestimmt, ob ein Gott als Richter über das Universum alles ordnet, ob Zufall das menschliche Leben ohne Sinn weitertreibt, die Philosophie muss uns schützen. Sie wird uns ermahnen, dass wir Gott gern gehorchen, dem Schicksal voll Trotz. Sie wird uns lehren, Gott zu folgen, den blinden Zufall zu ertragen.
>
> Seneca: Epistel 20,5.

Hier wird auch die epikureische Ansicht, die Welt werde von blindem Zufall bestimmt, ins Auge gefasst, wie Seneca überhaupt, obwohl in seiner Grundhaltung Stoiker, viel von Epikur hält, den er – er ist **Eklektiker** (griech. *eklegein:* auswählen) – vielfach zitiert.

Um frei zu sein, muss sich der Mensch zuerst von seinen Leidenschaften, vor allem den körperlichen, befreien; es darf nichts geben, was ihn in seinen Bann zieht. Der Geist ist autark, der Körper bedürftig:

> *Corpus enim multis eget rebus, ut valeat: Animus ex se crescit, se ipse alit, se exercet.*
>
> Der Körper bedarf vieler Dinge, um bei Kräften zu sein: Der Geist wächst aus sich selbst, nährt sich selbst, stärkt sich selbst.
>
> Seneca: Epistel 80,3.

Immer um dieselben Themen kreisen Senecas Briefe, sie sind inhaltlich nicht streng logisch aufgebaut, bieten kein klar gegliedertes Lehrsystem. Senecas Denken ist assoziativ, überlässt sich Einfällen, folgt der jeweiligen Laune. Ein wichtiger Bestandteil der Briefe ist der **moralische Appell** an sich selbst oder einen fiktiven Gesprächspartner. Viel erinnert an die Predigt. Liest man Seneca, so ist man nicht verwundert, dass ihm der erhaltene Briefwechsel mit dem Apostel Paulus untergeschoben wurde, der in der Spätantike als echt galt.

In seinem 98. Brief nennt Seneca Sokrates als Vorbild (Epistel 98,12). Freilich hat Seneca jene Heiterkeit, die den griechischen Philosophen und Moralisten bis in den Tod hinein begleitete (Sokrates wurde 399 v. Chr. in Athen hingerichtet, weil „er die Jugend verderbe"), gefehlt. Seine Philosophie ist aus der Resignation geboren, ist Verteidigung gegen die Unerträglichkeit des Lebens, jeglicher optimistische Zug fehlt ihr, die unter der Tyrannei eines Nero geboren wurde.

7 Petrons „Satyricon"

Gaius Petronius Arbiter (gest. 66 n. Chr.), der es zum Statthalter (Prokonsul) der Provinz Bithynien und in Rom zum Konsul gebracht hatte, wird einer der engsten Vertrauten Neros, der ihn als **„elegantiae arbiter"**, als für den feinen Geschmack zuständigen Fachmann und Schiedsrichter, um sich hat (daher wohl sein als Spitzname zu verstehendes Cognomen „Arbiter"). Dass er dazu taugte, wird aus seiner Charakterisierung durch Tacitus deutlich:

> *Nam illi dies per somnum, nox officiis et oblectamentis vitae transigebatur; utque alios industria, ita hunc ignavia ad famam protulerat, habebaturque non ganeo et profligator, ut plerique sua haurientium, sed erudito luxu. Ac dicta factaque eius quanto solutiora et quandam sui neglegentiam praeferentia, tanto gratius in speciem simplicitatis accipiebantur.*
>
> Denn er verbrachte den Tag mit Schlaf, die Nacht mit Arbeit und den Vergnügen, die das Leben bietet; und wie bei anderen angestrengte Tätigkeit, so machte seinen Ruf Nichtstun aus. Er wurde indes nicht für einen haltlosen Verschwender gehalten, wie die meisten, die ihr Gut verprassen, sondern für einen Mann von ausgesuchtem Geschmack. Je lässiger sein Reden und Tun war und zeigte, dass er sich gehen ließ, desto lieber nahm man es als ein Zeichen unkomplizierten Sinnes.
>
> Tacitus: Annales 16,18.

Freilich entging auch er nicht dem Argwohn des Kaisers. Wie Seneca wird er der Teilnahme an der **Pisonischen Verschwörung** beschuldigt und 66 n. Chr.

zum **Selbstmord** gezwungen, den er, ganz im Gegensatz zum ernsten Sterben Senecas, als launig-lustiges Spiel vollzieht (Tacitus, Annales 16,18 f.), den Tod ganz im Sinne Epikurs (siehe S. 44) für nichts achtend.

Petron hinterließ einen **Roman** in buntesten Farben, voll nie abreißender Einfälle und genauester Beobachtungsgabe, das „Satyricon". Sein Held Encolpius, der Erzähler des in der Ich-Form geschriebenen Romans, treibt sich mit seinen Kumpanen, dem Freund Ascyltos und dem Lustknaben Giton, durch Unteritalien. Das Leben der jungen Leute spielt sich im niederen Milieu ab und führt uns an die verschiedensten Schauplätze: ins Bordell, zum Gastmahl des Emporkömmlings Trimalchio, eines freigelassenen Sklaven, der zu immensem Reichtum gelangt ist, und in die ehemals griechische Stadt Kroton, wo sich die Helden als Hochstapler betätigen. Die „höhere Kultur" ziehen Freunde der jungen Leute in den Roman, der Redelehrer Agamemnon, der sich mit Enkolp über die Gründe für den Verfall der Beredsamkeit unterhält – ein Thema, das Tacitus in seinem Dialog „De oratoribus" behandeln wird –, der Dichter Eumolpos, der einmal eine „Zerstörung Trojas" in jambischen Trimetern vorträgt, eine Travestie[18] des antiken, im Hexameter geschriebenen Epos, und einmal ein Epyllion (Kleinepos) von 295 Hexametern über den römischen Bürgerkrieg, eine Parodie (siehe S. 72) auf zeitgenössische Epen (Lukan, siehe S. 88).

Am berühmtesten wurde in dem nur fragmentarisch erhaltenen Roman die **„Cena Trimalchionis"**. In dem Parvenu Trimalchio erleben wir eine köstlich-komisch in sich gebrochene Gestalt. Der unerwartete materielle Aufschwung hat zu einer Art Größenwahn geführt, in dem sich Trimalchio für den Nabel der Welt hält, seine gesellschaftliche, geistige und bildungsmäßige Minderwertigkeit immer ahnend. Dieses Gefühl sucht er durch extreme Prahlerei und Protzerei zu überspielen. Seine Angst, die aus einem unzureichenden Welt- und Umweltverständnis entsteht, will er durch eine Reihe von abergläubischen Praktiken ersticken. Ein in jeder Beziehung brüchiger Held wird da verblüffend überzeugend vorgeführt.

Die Gespräche Trimalchios und seiner Gäste, lauter Freigelassener, sind eine Quelle ersten Ranges für das **Vulgärlatein**, das in der breiten Masse des Volkes gesprochene Umgangs- und Alltagslatein im Gegensatz zur gehobenen Schriftsprache.

Gattungsgeschichtlich ist das „Satyricon" kaum einzuordnen. Im Titel klingt die Satire an, an die die Vielfalt des behandelten Stoffes erinnert, die Mischung der Prosa mit Verspartien (vgl. die Menippeische Satire S. 19), obwohl dem „Satyricon" der moralische Unterton der römischen Satire ganz und gar fehlt.

18 Travestie: Einkleidung eines überlieferten ernsten literarischen Inhalts in eine unpassende Form.

Auch als „Geschichten von Satyrn“ (σατυρικων libri) lässt sich der Titel interpretieren und erinnert damit an das im klassischen Griechenland jeder Tragödientrilogie auf der Bühne folgende **Satyrspiel**, das von den lüsternen, obszön sich gebärdenden Satyrn handelt, den Begleitern des Dionysos (Bacchus).

Als **Roman** steht das „Satyricon“ in der Tradition des **hellenistischen Liebesromans**, der für ein weniger anspruchsvolles Lesepublikum das klassische Epos ersetzte. Die Liebe eines immer wieder getrennten, nach abenteuerlichsten Wegen zueinanderfindenden Liebespaares steht da im Mittelpunkt. In den „Metamorphosen“ des Apuleius (125 bis ca. 170 n. Chr.) liegt uns die lateinische Fassung des „Eselromans“ des Lukios von Patrai (1. Jh. n. Chr.) vor, in dem der Held zeitweise in einen Esel verwandelt wird.

Wiederum kann man Petrons Roman als **Parodie auf das homerische Epos** verstehen. Wie Odysseus vom Zorn des Poseidon, dessen Sohn Polyphem er geblendet hatte, durch die Meere getrieben wird, so wird Enkolp vom Zorn des Priapus, eines alten römischen Garten- und Fruchtbarkeitsgottes mit obszönen Zügen, durch Unteritalien getrieben, von Liebesabenteuer zu Liebesabenteuer.

Im Hinblick auf die Moderne ist das „Satyricon“ ein früher Vorläufer des im 16. Jahrhundert in Spanien entstehenden picarischen Romans (spanisch *picaro:* Schelm), des europäischen **Schelmenromans**, dessen Held – meist niederer Abkunft – sich mit allen Mitteln, List und Betrug, Lügen und Schlichen, durchs Leben schlägt und dem Leser dabei eine bunte Palette aller Gesellschaftsschichten vor Augen führt, die aus der Perspektive von unten her satirisch entlarvt und desillusioniert werden. Erinnert sei an den „Simplizissimus“ Grimmelshausens (17. Jh.) sowie an den „Felix Krull“ Thomas Manns in unserer Zeit.

Literaturgeschichtlich ist Petron in seinen schlaflosen Nächten jedenfalls ein Werk gelungen, das Literaturhistorikern schlaflose, dem Leser kurzweilige Nächte bescheren kann.

8 Martial

Der Dichter M. Valerius Martialis (ca. 40–100 n. Chr.), der ausschließlich Epigramme (siehe S. 71 f.) verfasste, stammt aus Bilbilis in Spanien und kommt 64 n. Chr. nach Rom, wo ihn zunächst sein Landsmann Seneca unterstützt, später sogar die Kaiser Titus und Domitian protegieren. Als er bei Nerva und Trajan auf Desinteresse stößt, kehrt er – Plinius versorgt ihn mit dem Reisegeld – nach Bilbilis zurück.

In seinen knappen, immer treffenden Epigrammen hinterließ Martial ein lebhaftes Bild der Stadt Rom seiner Zeit, das oft wenig sympathische Züge zeigt. Im Jahr 80/81 n. Chr. erscheinen die 33 Epigramme auf die Einweihung des von Kaiser Vespasian erbauten riesigen römischen Amphitheaters, des Kolosseums (**„Liber spectaculorum"** genannt), in denen er die blutigen **Gladiatorenspiele und Tierhetzen** der Arena für immer ins Wort bannt. Dann folgen, etwa in Jahresabständen veröffentlicht, **12 Bücher „Epigrammata"**, in denen er sich alle typischen Großstadtlaster vornimmt. Freilich fehlen auch Gelegenheitsgedichte zu Geburtstagen, Heiraten usw. nicht in der Sammlung.

Martial hat ein ungewöhnlich scharfes **Auge für das Groteske**, ja für das Absurde der von ihm dargestellten Welt. Man betrachte etwa folgendes Epigramm aus dem „Liber spectaculorum":

Inter Caesareae discrimina saeva Dianae
Fixisset gravidam cum levis hasta suem,
Exiluit partus miserae de vulnere matris.
O Lucina ferox, hoc peperisse fuit?
Pluribus illa mori voluisset saucia telis,
Omnibus ut natis triste pateret iter.
Quis negat esse satum materno funere Bacchum?
Sic genitum numen credite: nata fera est.

Als bei dem blutigen Kampf der kaiserlichen Diana[19]
Einst der behende Speer fuhr in die trächtige Sau,
Sprang ein Junges hervor aus der armen Mutter Verletzung.
Harte Lucina[20], heißt dieses Gebären bei dir?
Aber sie wäre gern durch mehr Geschosse gestorben,
Hätte der traurige Weg sämtlichen Kindern gedient.
Wer lässt Bacchus entsprosst nicht sein aus der Leiche der Mutter[21]?
Dass so geboren der Gott, glaubt nun, ist's doch das Wild!

Martial: Liber spectaculorum 12; Übersetzungen von Berg.

Der Vergleich der grauenhaften Szene in der Arena mit dem Mythos von der Geburt des Bacchus ist mehr als eine gelungene Pointe. Martial hebt die sterbende und gebärende Sau grell ins Bewusstsein des Lesers, macht den Mythos andererseits fast unerträglich. Noch prägnanter geschieht dies in folgendem Epigramm:

19 Metonym für Tierhetze.
20 Geburtsgöttin.
21 Als die Geliebte des Zeus, Semele, von dem Gott verlangt, er solle sich in seiner wahren Gestalt zeigen, verbrennt sie in der Glut des sich in strahlendem Feuer offenbarenden Gottes. Ihr Sohn Dionysos wird ihrem sterbenden Leib entrissen.

Daedale, Lucano cum sic lacereris ab urso,
Quam cuperes pinnas nunc habuisse tuas!

Dädalus[22], während du vom lukanischen Bären zerfleischt wirst,
wie sehr hättest du jetzt Flügel zu haben gewünscht.

Martial: Liber spectaculorum 8.

Der unvereinbare, den Leser aufrüttelnde Widerspruch findet sich auch in den sonstigen Epigrammen:

Nuper erat medicus, nunc est vispillo Diaulus:
Quod vispillo facit, fecerat et medicus.

Früher ein Arzt, ist jetzt Diaulus Leichenbestatter;
Leichenbestatter, wie jetzt, war er auch früher als Arzt.

Martial: Epigramme 1,47.

oder:

Thais habet nigros, niveos Laecania dentes.
Quae ratio est? Emptos haec habet, illa suos.

Weiße Zähne besitzt Läkania, schwarze die Thais.
Woher kommt es? Sie trägt ihre, gekaufte die.

Martial: Epigramme 5,43.

Die Wirkung seiner Epigramme auf die römischen Zeitgenossen beschreibt Martial selbst treffend in seinem Epigramm:

Laudat, amat, cantat nostros mea Roma libellos,
Meque sinus omnes, me manus omnis habet.
Ecce rubet quidam, pallet, stupet, oscitat, odit.
Hoc volo: Nunc nobis carmina nostra placent.

Meine Gedichte lobt und liebt und singet mein Rom,
Mich hält jegliche Hand, jeglicher Busen mich gern.
Rot wird einer und blass und still und gähnet[23] und hasst mich.
So ist's recht: Es gefällt mir auch mein Büchelchen jetzt.

Martial: Epigramme 6,60.

22 Der Gladiator heißt wie die mythische Gestalt Dädalus.
23 *Stupet, oscitat,* wörtlich: er staunt, er sperrt das Maul auf.

Zunächst gefallen die Epigramme, sie sind witzig und leicht zu behalten, sie sind Mode. Jeder hat sie griffbereit in der Tasche. Aber plötzlich geht dem Leser ein Licht auf, Blässe überkommt ihn, staunendes Mundaufsperren über so manchen Abgrund der als harmlos empfundenen Umwelt, welcher da vom Dichter aufgedeckt wird. Und genau das will Martial.

9 Tacitus

P. Cornelius Tacitus (ca. 60–120 n. Chr.) stammte aus Gallien, 88 war er unter dem von ihm gehassten Domitian Prätor, unter Nerva 97 Konsul. 112/113 übernimmt er die Statthalterschaft in der Provinz Asia.

Sein Werk ist geprägt vom **Leiden an der eigenen Zeit**. Die Sehnsucht nach der verlorenen republikanischen Freiheit ist gepaart mit dem Wissen, dass die republikanische Verfassung von der Gegenwart des römischen Imperiums endgültig überholt ist. Tacitus drückt seine Sicht der Lage aus, wenn er Galba, der nach Neros Tod vorübergehend die Kaiserwürde für sich in Anspruch nahm, sagen lässt:

> *Si immensum imperii corpus stare ac librari sine rectore posset, dignus eram, a quo res publica inciperet: Nunc eo necessitas iam pridem ventum est, ut nec mea senectus conferre plus populo Romano possit quam bonum successorem …*
>
> Wenn der ungeheure Leib des Reichs ohne Lenker stehen und im Gleichgewicht gehalten werden könnte, wäre ich der rechte Mann für den Neubeginn der Republik: Jetzt hat aber der Zwang der Umstände schon lange den Punkt erreicht, dass ich in meinem Alter dem römischen Volk nicht mehr als einen guten Nachfolger bescheren kann …
>
> Tacitus: Historiae 1,16.

Über die römische Mischverfassung (siehe S. 18), auf die man in der Republik so stolz war, äußert sich Tacitus skeptisch:

> *Nam cunctas nationes et urbes populus aut primores aut singuli regunt: Delecta ex iis et consociata rei publicae forma laudari facilius quam evenire, vel si evenit, haud diuturna esse potest.*
>
> Denn alle Nationen und Städte regieren entweder das Gesamtvolk oder eine führende Schicht oder Einzelherrscher: Eine aus diesen Regierungsgremien sorgfältig zusammengestellte Mischverfassung kann leichter gelobt werden als entstehen, entsteht sie aber, kann sie nicht von langer Dauer sein.
>
> Tacitus: Annales 4,33.

Für Tacitus wird ein liberales Kaisertum, wie es nach der Tyrannei des Domitian von den Adoptivkaisern (siehe S. 87), zunächst von Trajan, repräsentiert wird, zum allein noch möglichen Ideal.

Erst nach dem Tod Domitians (96 n. Chr.), unter dem jede freie Äußerung lebensgefährlich war, beginnt Tacitus zu veröffentlichen. **„De vita Iulii Agricolae"** gilt der respektvollen Erinnerung an seinen 93 n. Chr. verstorbenen Schwiegervater Agricola, der von 77/78 bis 83/84 Statthalter in Britannien gewesen war, dem es gelungen war, auch unter Domitian ein aufrechter Mann zu bleiben.

In der **„Germania"** („De origine et situ Germanorum") zeichnet Tacitus ein eindrucksvolles Bild von Land, Herkunft, Kultur und Charakter der Germanen, deren unverdorbene Sittlichkeit als Gefahr für das entartete Rom gesehen wird.

Der **„Dialogus de oratoribus"** ist ein wichtiges bildungsgeschichtliches Dokument der Zeit. Während man sich in diesem Dialog zunächst über die Vorzüge von Dichtung und Rhetorik unterhält, dann die moderne Rhetorik mit der der Republik vergleicht, wird schließlich im Schlussteil der **Verfall der gegenwärtigen Redekunst** konstatiert und seine Gründe werden untersucht: Er wird den Rhetorenschulen der Zeit mit ihrem hohlen Pathos, ihrer gesuchten Technik und ihrer wirklichkeitsfremden Thematik angelastet. Schließlich stellt man fest, dass die Monarchie der Beredsamkeit Stoff und Elan genommen habe. Die politische Auseinandersetzung, aus der die republikanische Rede lebte, ist nicht mehr möglich, damit ist der Beredsamkeit die Grundlage entzogen.

Im Nachhinein mutet es sonderbar an, dass gerade in der Kaiserzeit, in der die – vor allem politische – Rede keine öffentliche Funktion mehr hatte, sowohl ein Anschwellen rhetorischer Literatur wie der zunehmende Einfluss der Rhetorenschulen zu beobachten sind. Eine gehobene Ausbildung sucht der Römer damals in der Rhetorenschule. Sie wird zum Gymnasium der Kaiserzeit.

Seinen großen Namen verdankt Tacitus seinen bedeutenden **Geschichtswerken über das erste Jahrhundert der Kaiserzeit**. Zunächst erscheinen die **„Historiae"** in 14 Büchern, die die Geschichte der Flavischen Dynastie beschreiben und mit der Ermordung Domitians enden (erhalten sind nur die Bücher 1–4 und der Anfang des 5. Buches, endend mit dem Jahre 70 n. Chr.). Seinen Plan, auch die Zeit Nervas und Trajans darzustellen, gab Tacitus auf, weil ihm dies zu viel Rücksichtnahme auf den Kaiser abverlangt hätte.

Er wendet sich mit „Ab excessu divi Augusti" (später **„Annales"** betitelt) der frühen Kaiserzeit zu. Die erhaltenen Bücher des 16 Bücher umfassenden Werkes behandeln Tiberius (Bücher 1–6) und dann die Zeit von 47–66 n. Chr. (Bücher 11–16), die letzten Regierungsjahre des Claudius und Neros Zeit.

Tacitus schreibt in der Tradition der römischen Annalisten (siehe S. 8 f.), das heißt, er verfolgt, abgesehen von einigen Exkursen, die Geschichte chronologisch Jahr für Jahr, wobei natürlich für den in Rom lebenden und schreibenden Historiker das Geschehen am Kaiserhof in den Mittelpunkt der Darstellung rückt. Was hier entsteht, ist in erster Linie eine Geschichte Roms, weniger eine des römischen Weltreichs, die zu schreiben ein einzelner Autor wohl auch nicht mehr in der Lage gewesen wäre.

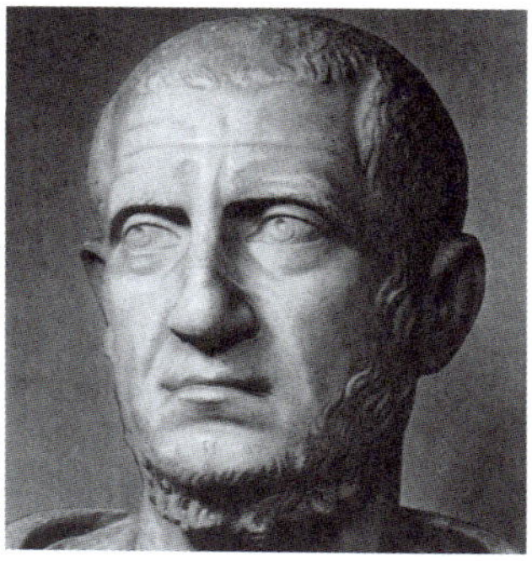

P. Cornelius Tacitus
(Zuordnung unsicher)

Tacitus' Darstellung und Sprache sind faszinierend. Die Fakten, die er nicht nur literarischen Vorgängern entnimmt, sondern durch eigenes Quellenstudium, etwa der Senatsakten, intensiv erweitert, sind durch seine Anteilnahme am geistigen Geschehen der Zeit, sein **tiefes psychologisches Interesse** gegenüber seinen „Helden", seine „Sympathie" (griech. „Mitleiden") im eigentlichen Wortsinne für die innere und äußere Entwicklung Roms, durch seine jede flüssige Eingängigkeit meidende Sprache in einer Art verarbeitet und verdichtet, dass das Lesen seines Werks tatsächlich **„zur Lektüre weltgeschichtlicher Tragödien"** wird, wie ein Altphilologe geschrieben hat.

Das Proömium zu seinen Annalen lässt schon viel von seiner Art, Geschichte zu schreiben, ahnen:

Urbem Romam a principio reges habuere; libertatem et consulatum L. Brutus instituit. Dictaturae ad tempus sumebantur; neque decemviralis potestas ultra biennium, neque tribunorum militum consulare ius diu valuit. Non Cinnae, non Sullae longa dominatio; et Pompei Crassique potentia cito in Caesarem, Lepidi atque Antonii arma in Augustum cessere, qui cuncta discordiis civilibus fessa nomine principis sub imperium accepit. Sed veteris populi Romani prospera vel adversa claris scriptoribus memorata sunt; temporibusque Augusti dicendis non defuere decora ingenia, donec gliscente adulatione deterrerentur. Tiberii Gaique et Claudii ac Neronis res florentibus ipsis ob metum falsae, postquam occiderant recentibus odiis compositae sunt. Inde consilium mihi pauca de Augusto et extrema tradere, mox Tiberii principatum et cetera, sine ira et studio, quorum causas procul habeo.

Die Stadt Rom beherrschten anfangs Könige. Freiheit und Consulat gründete Lucius Brutus. Zu Diktaturen schritt man nur auf Zeit, und weder die Decemviralgewalt hat über zwei Jahre noch der Kriegstribunen consulatorisches Recht lange Bestand gehabt. Nicht Cinnas, nicht Sullas Herrschaft war von langer Dauer; auch des Pompeius und Crassus Macht ging schnell auf Caesar, des Lepidus und Antonius Waffengewalt auf Augustus über, welcher das ganze, durch bürgerliche

> Zwietracht ermüdete Reich unter dem Namen eines Oberhauptes als Herr dahinnahm. Doch des alten Römervolkes Glück und Missgeschick ist von berühmten Schriftstellern erzählt worden; auch des Augustus Zeitalter darzustellen fehlte es nicht an angemessenen Talenten, bis von überhandnehmender Schmeichelei sie zurückgeschreckt wurden. Des Tiberius, Gaius, Claudius wie des Nero Geschichte ist bei ihren Lebzeiten aus Furcht verfälscht, nach ihrem Hingange unter noch frischem Hasse geschildert worden. Daher mein Entschluss, nur weniges von Augustus, und zwar das letzte, sodann des Tiberius Herrschaft und das Folgende zu überliefern, ohne Gehässigkeit und Parteiliebe, deren Ursachen mir fernliegen.
>
> Tacitus: Annales 1,1; Übersetzung des Phaidon-Verlages.

Genau besehen gibt Tacitus hier in einem einzigen, knappen Kapitel einen Abriss der gesamten römischen Geschichte unter dem Aspekt der zunehmend auf den einen Monarchen hin sich verdichtenden Macht, von der Königszeit über die frühe Republik, das Bürgerkriegszeitalter bis hin zum Prinzipat des Augustus und der Tyrannei seiner Nachfolger.

Wer so etwas kann, kann viel. Sein berühmt gewordenes Wort, er wolle **„sine ira et studio"** berichten, „ohne Zorn und Eifer", mag als dringender Selbstappell erscheinen, den reißenden Drang zur literarischen Durchdringung und Darstellung der Geschichte zu klären und zu zügeln.

10 Plinius

Im Vergleich zu seinen Zeitgenossen wirkt Plinius eher harmlos. C. Plinius Secundus (geb. ca. 60 n. Chr.), der bei dem maßgebenden Rhetoriklehrer seiner Zeit, Quintilian, studiert hat, mit Tacitus befreundet ist, gelingt eine bedeutende Karriere im Staatsdienst: So ist er etwa um 94 n. Chr. Prätor, 100 Konsul, 104–107 verantwortlicher Beamter für die Abwässer Roms, um 111 geht er als Statthalter in die Provinzen Bithynien und Pontus, wo er stirbt.

In seinen **Briefen** (zehn Bücher), die er im Hinblick auf eine geplante Veröffentlichung entsprechend **stilisiert**, wird uns das Leben eines vornehmen, an kulturellen Dingen interessierten römischen Beamten vor Augen geführt. Wichtig sind interessante Informationen zur Zeitgeschichte, wie die Briefe 6,16 und 6,20, die den Vesuvausbruch des Jahres 79 n. Chr. schildern, bei dem sein Onkel und Adoptivvater, Plinius der Ältere, ums Leben kommt, oder die Anfrage an den Kaiser über die gewünschte Behandlung der Christen in den Provinzen (Epistel 10,96), und die Antwort Trajans (Epistel 10,97), in der der Monarch eine liberale Haltung den Christen gegenüber empfiehlt, solange sie die staatliche Autorität nicht antasten.

Seine Dankrede für die Ernennung zum Konsul hat Plinius später zum „Panegyricus" (griech. *panegyrikos:* Festrede) ausgearbeitet, zur Preisrede auf den Kaiser Trajan.

Kaisertum und Nachklassik: die Zeit Senecas und Tacitus'

Geschichte: Der wohltuenden Neuordnung des Staates durch Augustus können seine unfähigen bis perversen Nachfolger aus dem Julisch-Claudischen Haus (z. B. Caligula, Nero) kaum Abbruch tun. Die nach dem Tod Neros (68 n. Chr.) an die Macht kommende Dynastie der Flavier endet wieder mit einem Tyrannen: Domitian (81–96 n. Chr.).
Die Epoche des Adoptivkaisertums, die mit dem Tod Marc Aurels endet (180 n. Chr.), ist noch einmal eine Zeit des Friedens und des Wohlstands im ganzen Reich.

Literatur: Der Literatur der frühen Kaiserzeit fehlt erstens die Auseinandersetzung mit dem Staat als wichtige Quelle literarischer Energie, andererseits führt die Selbstbehauptung gegenüber einer übermächtigen Klassik zu einer gewissen Zersplitterung und zur punktuellen, eher zufälligen Profilierung einzelner Schriftsteller.
Die Sprache gehört im Gegensatz zur „goldenen Latinität" der Klassik der „silbernen Latinität" an.

Autoren und Werke: Einige Werke dieser Epoche ragen dennoch heraus und haben bis heute Weltgeltung, so die Philosophie Senecas, der Roman Petrons („Satyricon"), die Epigramme Martials, die Geschichtswerke des Tacitus.

Spätes Kaisertum und christliche Literatur

1 Der Zerfall des Römischen Reiches

Seit dem Tod **Marc Aurels** (180 n. Chr.) gerät das Römische Reich überraschend schnell in die **Krise**. Die Ostgrenze ist dem Ansturm der Parther ausgesetzt, an deren Stelle dann das von dem Sassaniden Ardashir 227 n. Chr. gegründete neupersische Reich tritt, das Rom nicht weniger gefährlich wird als vorher die Parther. Im Norden brechen an der Donau Alemannen und Markomannen ins Reich ein, 271 muss den Goten Dakien geräumt werden. Schon bald zeigt sich allenthalben die **Schwäche der Reichsverteidigung**. Die Grenztruppen waren sesshaft und unbeweglich geworden.

Caracalla

Septimius Severus

Im Innern besetzt mehr und mehr das Heer den Kaiserthron, das 3. Jahrhundert wird zum „Jahrhundert der Soldatenkaiser“. Immer mehr Nichtrömer erscheinen auf dem Kaiserthron: Der Karthager Septimius Severus, ein Maximinus Thrax, ein Thraker, der Araber Philippus Arabs. Der **Barbarisierung der Reichsführung** entsprach eine zunehmende **Barbarisierung Italiens und Roms**.

Schon um 100 n. Chr. bestand die römische Bevölkerung zu 80 Prozent aus Ausländern, ehemaligen Sklaven. 212 n. Chr. beschenkt Kaiser Caracalla in der **„Constitutio Antoniniana“** alle Reichsbewohner mit dem römischen Bürgerrecht.

Die wirtschaftliche Blüte der ersten zwei Jahrhunderte n. Chr. bricht relativ rasch in sich zusammen. Die Reichsteile beginnen auseinanderzufallen, der internationale Handelsverkehr bricht plötzlich ab, **Italien** wird zunehmend **isoliert**. Dem Devisenmangel Italiens und dem leeren Fiskus steht eine **lähmende Besteuerung** gegenüber. Unter Kaiser Diokletian (reg. 284–303) werden wirtschaftliche Notmaßnahmen getroffen. So wird die freie Berufswahl aufgehoben, vielfach vererbt sich der Beruf gesetzlich vom Vater auf den Sohn. Auch die staatliche Verwaltung wird zum erblichen Frondienst.

330 verlegt Kaiser Konstantin die **Reichshauptstadt** von Rom nach Byzanz, das er **Konstantinopel** nannte. Damit ist Rom als die Beherrscherin des Erdkreises abgelöst. 395 bricht nach dem Tod des Kaisers Theodosius das Reich in zwei Hälften auseinander, die an seine beiden Söhne verteilt werden. Hauptstadt des Westreiches wird Mailand, des Ostreiches Konstantinopel.

Seit 400 n. Chr. ist die germanische **Völkerwanderung** im Gange, die Germanen brechen ins Reich ein: 410 plündert der Westgotenkönig Alarich Rom, dann besetzen die Westgoten Gallien, später Spanien. 429 setzen die Vandalen von Spanien aus nach Afrika über, das sie besetzen. Die römischen Kaiser stehen zunehmend unter der Gewalt ihrer nun bereits fast ausschließlich aus Germanen bestehenden „Heermeister".

Germane mit sogenannter „Suebenlocke". Der Germane steht für die germanische Völkerwanderung, in der sich das Römische Reich auflöst.

476 setzt der Skire Odoaker den **letzten weströmischen Kaiser Romulus Augustulus** ab. Seit 489 wird Italien von dem Ostgoten Theoderich beherrscht. Um 500 erobern die Franken das wichtige Gallien.

Kaiser **Justinian** (reg. 527–565) gelingt es noch einmal, Ostrom, Afrika und Italien zu einem Reich zusammenzufassen, das aber gleich nach seinem Tod wieder auseinanderbricht. 568 erobern die Langobarden Italien.

Mit dem Zerbrechen des Reiches **zerbricht auch die altrömische Kultur.** So sucht in den Wirren der Zeit etwa die römische Bevölkerung zunehmend Zuflucht bei neuen, schon seit dem 1. Jahrhundert in Rom eindringenden östlichen Religionen. Aus Ägypten kommen das Götterpaar Isis und Osiris, dann Sarapis ins Reich, der Kult der Magna Mater (kleinasiatische Kybele) gewinnt zunehmend Anhänger, aus Persien stammt der Gott Mithras, der sich im ganzen Reich ausbreitet und vor allem von den Soldaten verehrt wird. **Das Christentum** breitet sich so schnell aus, dass unter Nero, Domitian, Decius (reg. 249–251) und Diokletian große **Christenverfolgungen** eingeleitet werden, letzte Rettungsversuche für den alten Staatskult, bis das Christentum dann unter Kaiser Konstantin toleriert und von Theodosius zur Staatsreligion erhoben wird. Den neuen **„Mysterienkulten“** (Geheimkulten) aus dem Osten haftet allen die Flucht aus dem Diesseits an, die Hoffnung auf eine Erlösung nach dem Tod in eine bessere Welt.

Bewusste Versuche, die alte römische Kultur und Literatur wieder aufleben zu lassen, so in dem um den römischen Senator Symmachus sich sammelnden **Symmachuskreis** (Ende des 4. Jhds n. Chr.), sind Restaurationsversuche, die von der Zeit überholt sind.

Zunehmend wird die **christliche Kirche zum Hort einer neuen Kultur**, die sich aus antikem und christlichem Gedankengut zusammensetzt. Oft übernehmen kirchliche Würdenträger in der politisch konfusen Zeit auch Führungsaufgaben. So verteidigt etwa der Bischof Augustinus seine Bischofsstadt Hippo Regius in Nordafrika 430 gegen die Vandalen.

Byzantinisches Mosaik: Ambrosius

2 Christliche Literatur

Die wichtige römische Literatur der ausgehenden Antike ist christliche Literatur. Immer mehr bedeutende Römer, die im staatlichen Bereich keine sinnvolle Aufgabe mehr sehen, wenden sich der Kirche zu.

Die christlichen Autoren vergewissern sich in ihren Schriften der christlichen Lehre, begründen so die **abendländische Theologie**, haben sich mit ihrer heidnischen Umgebung auseinanderzusetzen und wollen die Gläubigen unterrichten.

Von **Tertullian** (um 200 n. Chr.) sind 31 apologetische (etwa „Ad nationes“: „An die Heiden“; „Apologeticum“: „Verteidigung“) und dogmatische Schriften zur Bekämpfung von Irrlehren („Adversus Marcionem“; „Adversus Praxeam“) erhalten.

Lactantius (um 300) schreibt mit seinen „Divinae Institutiones“ eine Einführung in die christliche Religionslehre. Den Humanisten galt er als „christlicher Cicero“.

Die größte Leistung des **Hieronymus** (ca. 335–420) ist neben vielen anderen Schriften die Übersetzung des Alten Testaments ins Lateinische, die mit seiner Überarbeitung lateinischer Versionen des Neuen Testaments zur **„Vulgata“** wurde, zur „allgemeingebräuchlichen“ Bibelübersetzung.

Minucius Felix (Mitte des 3. Jh.) stellt in seinem Dialog „Octavius“ ein Streitgespräch zwischen dem Christen Octavius und einem Anhänger der heidnischen Kultur dar.

Cyprian (gest. 258), der bis heute durch seine Briefe lebendig ist, gelingt in seiner Bekehrungsschrift „Ad Donatum“ eine meisterhafte Schilderung des römischen Sittenverfalls. Später wird bei Salvianus sein „De gubernatione dei“ (entstanden um 430) zur großen Strafpredigt über das verkommene römische Reich.

Beliebt wird die Lektüre von Heiligen- und Märtyrerviten, etwa die Lebensbeschreibung des heiligen Severinus (gest. 482) von **Eugippius**.

Auch in der Dichtung wurde mit den Hymnen von **Ambrosius** (gest. 397), des Bischofs von Mailand, der mit seinen Kirchenliedern und Predigten das Volk ergreift, des **Prudentius** (gest. um 410), dessen Hymnen nicht wie die des Ambrosius zum Gebrauch in der Kirche, sondern zum Lesen bestimmt sind, und der zum „christlichen Horaz“ wurde, sowie denen des späten **Venantius Fortunatus** (gest. um 600) Großes erreicht.

Nur Ambrosius, Hieronymus und Eugipp stammen aus Italien, alle anderen Genannten aus den Provinzen.

Zum bedeutendsten Schriftsteller der Kirche aber wurde Augustinus.

3 Augustinus

Aurelius Augustinus ist 354 n. Chr. in Thagaste im nordafrikanischen Numidien geboren. Seine Mutter Monika war Christin. Nach seiner Grundausbildung besucht Augustinus die Rhetorenschule in Karthago, wo ihm eine Geliebte den Sohn Adeodatus (gest. 390) schenkt.

Nach der Lektüre von Ciceros „Hortensius“ (siehe S. 37) beginnt Augustinus, philosophische Werke, vor allem von Aristoteles, zu studieren. 383 ist er in Rom, wo ihn zunächst der Skeptizismus der zeitgenössischen Akademie[24] beeinflusst. 384 wird er Rhetorikprofessor in Mailand, wo ihn, der sich von Jugend an auch mit dem Christentum beschäftigt hat, die Predigten des christlichen Bischofs Ambrosius und die Lektüre des heidnischen Philosophen

24 Akademie: Schule Platons.

Plotin (205–270)[25] tief ergreifen und auf die **Bekehrung zum Christentum** vorbereiten.

387 lässt sich Augustinus von Ambrosius taufen und kehrt dann nach Afrika zurück, wo er in einem Kreis Gleichgesinnter eine Art **Klosterleben** führt, bis er 396 zum Bischof von Hippo Regius gewählt wird. Dort stirbt er 430 im Abwehrkampf gegen die Vandalen.

Bis 427 habe er, sagt Augustinus, 93 Werke mit insgesamt 232 Büchern verfasst („Retractationes“ 2,76). Bis zu seinem Tod ist noch viel hinzugekommen, sehr viel ist erhalten.

Augustinus ist es gelungen, antikes philosophisches Denken und Christentum zu verbinden. Die christliche Lehre erhält durch die von der Philosophie geschaffenen Methoden und Begriffe ihre ontologische (seinsphilosophische) Begründung und Strukturierung. Damit wird Augustinus zum eigentlichen **Vater der abendländischen Theologie**.

Die Erweckung zur Philosophie durch den „Hortensius“ Ciceros und die Bekehrung zu Christus sind die entscheidenden Erlebnisse in Augustinus' Leben. Deutlich sichtbar wird dies an der Stelle in den „Confessiones“, an der er die Entdeckung des „Hortensius“ feiert:

Amor autem sapientiae nomen Graecum habet philosophiam, quo me accendebant illae litterae ... Et ego illo tempore, scis tu, lumen cordis mei, quoniam necdum mihi haec apostolica nota erant, hoc tamen solo delectabar in illa exhortatione, quod non illam aut illam sectam, sed ipsam, quaecumque esset, sapientiam ut diligerem et quaererem et assequerer et tenerem atque amplexarer fortiter, excitabar sermone illo et accendebar et ardebam, et hoc solum me in tanta flagrantia refrangebat, quod nomen Christi non erat ibi.

Die Liebe zur Weisheit aber hat den griechischen Namen Philosophie: Für sie entflammte mich jene Schrift ... Und ich wurde zu jener Zeit, du weißt es, Licht meines Herzens, da mir ja die Schriften der Apostel noch nicht bekannt waren, doch gerade dadurch in jener Mahnschrift beeindruckt, dass ich nicht diese oder jene Sekte, sondern die Philosophie, was immer sie sei, an sich zu lieben, zu suchen, zu verfolgen, festzuhalten und mutig zu umarmen, von jenem Dialog flammend und feurig bewegt wurde. Und nur dies eine hemmte mich in dieser meiner glühenden Begeisterung, dass der Name Christi sich nicht darin fand.

Augustinus: Confessiones 3,8.

Die Begeisterung für das von der antiken Philosophie geschaffene Denkgebäude verbindet sich hier mit einer innigen, fast **mystischen Hingabe** an den neuen Herrn der Welt, Christus.

25 Plotin war der Begründer des sogenannten „Neuplatonismus“, in dem der Vielheit der Welt eine metaphysische Einheit gegenübersteht, jenseits der seienden Dinge und doch ihr Urgrund.

Die „Confessiones“, die „Selbstbekenntnisse“ des Augustinus, sind sein meistgelesenes Werk, sie nehmen unter den berühmten Autobiografien der Weltliteratur einen hervorragenden Platz ein. Das Ringen des ins Weltliche verstrickten Menschen um Gott ist in diesem das eigene Seelenleben schonungslos aufdeckenden Buch das zentrale Thema.

Fresko aus Florenz: Augustinus

Das bedeutendste wissenschaftliche Werk des Augustinus ist **„De civitate dei“**, „Über den Gottesstaat“, in dem er eine christliche Sicht der Welt und ihrer Geschichte zeichnet. Die Welt ist Schauplatz des Kampfes zwischen den Prinzipien des Guten und des Bösen, zwischen der **„civitas divina“** und der **„civitas terrena“**. Das irdische Reich ist mit dem Sündenfall in die Welt getreten und dient nur irdischen Bedürfnissen, das Gottesreich ist das Ideal der Sündenlosigkeit, das es wiederzugewinnen gilt. Bis am Ende der Zeiten Christus selbst das Gottesreich zum Sieg führen wird, muss es von der Kirche gegen das ihm widerstrebende irdische Reich vertreten werden, das nichts von Gott wissen will. Damit steht für Augustinus der göttliche Bereich nicht jenseits der Welt, sondern wird als wirkendes Prinzip in diese hineingeholt.

4 Boethius

Anicius Manlius Torquatus Severinus Boethius, der viele, vor allem philosophische Schriften, aus dem Griechischen übersetzt und kommentiert hat, versucht, dogmatische Fragen der christlichen Religion mit dem logischen Instrumentarium der griechischen Philosophie zu durchdringen und zu klären.

Nachdem er, obwohl in erster Linie Theologe, **hohe Staatsämter unter dem Ostgotenkönig Theoderich** bekleidet hat, wird er 524 wegen angeblichen Hochverrats ins Gefängnis geworfen und hingerichtet. Im Kerker wird ihm freilich nicht die christliche Religion, sondern die antike Philosophie zur Trösterin, die im Proöm seiner an sich selbst gerichteten Trostschrift („Consolatio philosophiae“) in der Allegorie (siehe S. 62, Fn. 7) einer erhabenen Frau, deren Scheitel bis zu den Sternen reicht, seine Zelle betritt und ihn mit den Worten Platons, Aristoteles' und vor allem der Stoa festigt und aufrichtet.

Spätes Kaisertum und christliche Literatur

Geschichte: Das 3. Jahrhundert n. Chr. ist das Jahrhundert der „Soldatenkaiser“, der Barbarisierung der Reichsführung entspricht die zunehmende Barbarisierung Italiens und Roms.
330 n. Chr. wird die Reichshauptstadt von Rom nach Konstantinopel verlegt, Rom ist nicht mehr Mittelpunkt der Welt.
Seit 400 n. Chr. zerbricht das Römische Reich im Ansturm der germanischen Völkerwanderung.

Literatur: Zur wichtigsten Literatur in der Endzeit des Römischen Reiches wird die christliche Literatur, die das Ideal des römischen Weltreichs durch die Idee vom Reich Gottes ersetzt: Es ist nicht mehr eigentlich römische Literatur, aber Literatur in lateinischer Sprache.

Autoren und Werke: Gipfelpunkte der christlichen Literatur sind die Übersetzung der Bibel ins Lateinische (Vulgata) und das umfangreiche Werk des Augustinus, des Vaters der abendländischen Theologie (vor allem „De civitate dei“).

Chronologischer Überblick zur lateinischen Literatur und Geschichte

	Römische Geschichte: wichtige Daten	**Lateinische Literatur: Autoren und Werke** Die Autoren stehen unter den Jahrhunderthälften, in die ihr größerer Lebensabschnitt fällt.
753 v. Chr.	Gründung Roms	
510	Entstehung der Republik	
494	Sezession auf den „Heiligen Berg“: Beginn der Ständekämpfe	
451	Zwölftafelgesetz	
287	lex Hortensia: Ende der Ständekämpfe	**Fabius Pictor** 216 Gesandter nach Delphi: *Geschichte Roms* (in griechischer Sprache)
280–275	Krieg gegen Pyrrhos	**L. Cincius Alimentus** 216 Kommando über römische Truppen: *Geschichte Roms* (in griechischer Sprache)
250 v. Chr.		**Livius Andronicus** gest. um 200: *Odusia*
264–241	1. Punischer Krieg	**Naevius** ca. 280–200: *Bellum Poenicum*
218–201	2. Punischer Krieg	**Ennius** 239–169: *Annales*
		Plautus gest. um 180: 20 Komödien erhalten, u. a. *Mercator, Miles gloriosus, Poenulus, Captivi, Asinaria*
200 v. Chr.		**Terenz** ca. 200–150, erhaltene Komödien entstanden zwischen 166 und 160: *Andria, Heautontimorumenos, Hecyra, Eunuchus, Phormio, Adelphoe*
168	Schlacht von Pydna: Makedonien wird besiegt	**M. Porcius Cato** 234–149: *De agricultura, Libri ad Marcum filium, Origines, Reden*
		Postumius Albinus 151 Konsul: *Geschichte Roms* (in griechischer Sprache)

	Römische Geschichte: wichtige Daten	Lateinische Literatur: Autoren und Werke
150 v. Chr.		**Lucilius** ca. 180–102: Satiren
146	Zerstörung Korinths und Karthagos: Einrichtung der Provinzen Makedonien (mit Griechenland) und Afrika	
133	Provinz Asia; Tiberius Sempronius Gracchus Volkstribun, ermordet	
123	Gaius Sempronius Gracchus Volkstribun, ermordet: Scheitern der Ackergesetzgebung	
100 v.Chr.		**Varro** 116–27: *Antiquitates rerum humanarum et divinarum, Disciplinae, De poetis, De poematis, De lingua Latina, Res rusticae*
91–89	Bundesgenossenkrieg	**Cicero** 106–43: Reden, etwa gegen Catilina, gegen Verres, die *Philippica* gegen Antonius; philosophische (und staatstheoretische) Schriften: *De re publica, De legibus, Hortensius, Academica, De finibus bonorum et malorum, Tusculanae disputationes, De natura deorum, De divinatione, De fato, Cato sive de senectute, Laelius sive de amicitia, De officiis*; rhetorische Schriften: *De oratore, Brutus, Orator*; Briefe: *Ad Atticum, Ad Quintum fratrem, Ad familiares*
88	Blutbefehl von Ephesos: Ermordung der römischen Bürger in Asia	
82–79	Sullas Diktatur	
73–71	Sklavenkrieg unter Spartakus	
66	„imperium extraordinarium" für Pompeius zur Neuordnung des Ostens	**Lukrez** 97–55: *De rerum natura*
63	Verschwörung Catilinas	**Catull** ca. 84–54: *Carmina*
60	1. Triumvirat zwischen Pompeius, Caesar und Crassus	**Caesar** 100–44: *Commentarii de bello Gallico, Commentarii de bello civili*
		Sallust 86–35: *De coniuratione Catilinae, Bellum Iugurthinum, Historiae*
59	Konsulat Caesars	**Cornelius Nepos** 100–24: *Chronica, De viris illustribus*
58–51	Eroberung Galliens durch Caesar	
52	Pompeius „consul sine collega"	

	Römische Geschichte: wichtige Daten	Lateinische Literatur: Autoren und Werke
50 v. Chr.		**Augustus** 63 v. Chr. – 14. n. Chr.: *Monumentum Ancyranum* **Vergil** 70–19: *Bucolica* (oder *Eklogen*), *Georgica*, *Aeneis* **Horaz** 65–8: *Sermones* (Satiren), Epoden, drei Odenbücher (*Carmina*), *Epistulae*, *Carmen saeculare*, 4. Odenbuch **Tibull** ca. 50–17: Elegien **Properz** ca. 50–16: Elegien **Ovid** 43 v. Chr. – ca. 17 n. Chr.: *Amores* (Elegien), Tragödie *Medea*, *Epistulae Heroidum*, *Ars amatoria*, *Remedia amoris*, *Metamorphosen*, *Tristia* und *Epistulae ex Ponto* (Elegien), *Halieutica* **Livius** 59 v. Chr. – 17 n. Chr: *Libri ab urbe condita*
49	Überschreitung des Rubicon durch Caesar	
48	Schlacht von Pharsalos: Pompeius wird von Caesar besiegt	
44	Ermordung Caesars	
43	2. Triumvirat zwischen Antonius, Octavian und Lepidus: „tresviri rei publicae constituendae“	
42	Schlacht von Philippi: Caesarmörder besiegt	
40	Foedus Brundisinum: Teilung des Reichs zwischen Augustus und Antonius	
31	Schlacht bei Actium: Sieg des Augustus über Antonius und Kleopatra	
29	Augustus Imperator auf Lebenszeit	
19	Augustus erhält Amtsgewalt der Konsuln auf Lebenszeit	
0		**Pompeius Trogus** unter Augustus schreibend: *Historiae Phillippicae* **Velleius Paterculus** ca. 20 v. Chr. – 30 n. Chr.: *Historia Romana* **Curtius Rufus** unter Kaiser Claudius (41–54) schreibend: *Historiae Alexandri Magni Macedonis* **Persius** 34–62: *Satiren* **Seneca** gest. 65 n. Chr.: *Apokolokyntosis*; Tragödien: etwa *Oedipus*, *Medea*; Dialoge: *De clementia*, *De providentia*, *De vita beata*, *De tranquillitate animi*, *De brevitate vitae*, *De ira*, *De otio*, *De beneficiis*; 3 *Trostschriften an Marcia*, *Polybius*, *Helvia*; *Naturales quaestiones*; *Epistulae morales* (*ad Lucilium*) **Petron** gest. 66: *Satyricon*
14 n. Chr.	Tod des Augustus	

	Römische Geschichte: wichtige Daten	Lateinische Literatur: Autoren und Werke
50 n. Chr.		**Martial** ca. 40–100: *Liber spectaculorum, Epigrammata*
54–68	Kaiser Nero, erste Christenverfolgung	**Quintilian** ca. 35–100: *Institutio oratoria*
79	Ausbruch des Vesuvs	**Iuvenal** ca. 60–135: *Satiren*
		Tacitus ca. 60–120: *De vita Iulii Agricolae, De origine et situ Germanorum, Dialogus de oratoribus, Annales, Historiae*
		Plinius ca. 60 – ca. 113: *Briefe*
100 n. Chr.		**Gaius** gest. um 180: *Institutiones*
98–117	Kaiser Trajan: Beginn des Adoptivkaisertums	**Pomponius:** *Enchiridium*
150 n. Chr.		**Tertullian** ca. 160–220: 31 apologetische (etwa *Ad nationes, Apologeticum*) und dogmatische Schriften (etwa *Adversus Marcionem, Adversus Praxeam*)
		Ulpian gest. 229: *Disputationes, Responsa*
		Paulus: *Quaestiones, Responsa*
200 n. Chr.		**Cyprian** gest. 258: *Briefe, Ad Donatum*
212	Constitutio Antoniniana: Römisches Bürgerrecht für alle Reichsbewohner	**Minucius Felix** um 200: Octavius
		Lactantius gest. ca. 260: *Divinae institutiones*
300 n. Chr.		
330	Kaiser Konstantin verlegt die Reichshauptstadt von Rom nach Byzanz: Konstantinopel	
350 n. Chr.		**Ambrosius** gest. 397: *Hymnen*
		Prudentius gest. um 410: *Hymnen*
		Hieronymus ca. 335–420: *Vulgata* (Bibelübersetzung)
		Augustinus 354–430: mehr als 93 Werke, u. a. *Confessiones, De civitate dei*

	Römische Geschichte: wichtige Daten	Lateinische Literatur: Autoren und Werke
400 n. Chr.		**Salvianus:** *De gubernatione dei*, um 430 entstanden
410	Plünderung Roms durch die Westgoten	
450 n. Chr.		**Boethius** ca. 480 – 524: *Consolatio philosophiae*
476	letzter weströmischer Kaiser Romulus Augustulus abgesetzt	
500 n. Chr.		**Eugippius** um 500: *Vita Sancti Severini*
527–565	**Kaiser Justinian:** *Corpus iuris*	
550 n. Chr.		**Venantius Fortunatus** gest. um 600: *Hymnen*

Exkurs: Römisches Recht[26]

Die eher abstrakte Einteilung des römischen Rechts in **Rechtsschichten** wird erst von den Rechtswissenschaftlern der Kaiserzeit vorgenommen. Mit ihr beginnen auch die „Institutiones" Justinians, die Ulpian[27] und Gaius zitieren:

> *Ius naturale est, quod natura omnia animalia docuit. Nam ius istud non humani generis proprium est, sed omnium animalium.*
>
> Naturrecht ist, was die Natur alle Lebewesen lehrt. Denn dies Recht ist nicht nur dem Menschen eigentümlich, sondern allen Lebewesen.
>
> Ulpian: Institutiones 1,2 pr.

Als Beispiel aus dem das Leben aller Lebewesen ordnenden Naturrecht wird die Bildung von Paaren zum Zweck der Zeugung und Aufzucht der Nachkommen genannt.

Das menschlichen Gemeinschaften zugrunde liegende Recht wird dann wiederum in zwei Schichten unterteilt:

> *Ius autem civile vel gentium ita dividitur: Omnes populi, qui legibus et moribus reguntur, partim suo proprio, partim communi omnium hominum iure utuntur: Nam quod quisque populus ipse sibi ius constituit, id ipsius proprium civitatis est vocaturque ius civile . . . Quod vero naturalis ratio inter omnes homines constituit, id apud omnes populos peraeque custoditur vocaturque ius gentium.*
>
> Das *ius civile* und das *ius gentium* wird so unterschieden: Alle Völker, die sich von Gesetz und Sitte lenken lassen, benützen teils ein nur ihnen eigenes, teils ein allen Menschen gemeinsames Recht: Denn das Recht, das jedes Volk sich selbst gesetzt hat, das ist das eben dem Staat eigene Recht und wird ius civile genannt. Was aber die natürliche Vernunft unter allen Menschen festgesetzt hat, das wird bei allen Völkern in gleicher Weise geachtet und ius gentium genannt.
>
> Gaius: Institutiones 1,2,1.

Zum *ius civile* rechnet Gaius z. B. die *patria potestas,* die es so nur in Rom gebe, zum *ius gentium* die *potestas* des Herrn über den Sklaven, die es bei allen Völ-

26 Eine Darstellung des römischen Rechts sprengt zwar den Rahmen einer Literaturgeschichte, da das römische Recht aber einen wichtigen Bereich der römischen und europäischen Geistes- und Kulturgeschichte darstellt und auch in Latein-Lehrplänen der gymnasialen Oberstufe berücksichtigt wird, sollen einige wesentliche Grundzüge seiner Geschichte und seines Inhalts beschrieben werden.
27 Die genannten Juristen und Texte werden weiter unten besprochen.

kern gebe. Damit unterscheiden sich die Begriffe *ius civile* und *ius gentium* von den modernen Begriffen Zivilrecht (Privatrecht im Gegensatz zum öffentlichen Recht: Verwaltungs-, Straf-, Verfassungsrecht) und Völkerrecht (die Beziehungen von Staaten untereinander regelnd).

Auch die Einteilung des Rechts in **öffentliches Recht und Privatrecht** entstammt wissenschaftlicher Abstraktion der Kaiserzeit und liest sich bei Ulpian so:

> *Publicum ius est, quod ad statum rei Romanae spectat, privatum, quod ad singulorum utilitatem.*
>
> Öffentliches Recht ist, was sich auf den römischen Staat bezieht, privates, was den Nutzen Einzelner betrifft.
>
> Digesta 1.1.1.2.

Die **römische Verfassung** (siehe S. 6) hatte sich in einer langen Tradition entwickelt und war nicht schriftlich als Urkunde formuliert. Verfassungsrechtliche Gesetze (z. B. die leges Liciniae Sextiae, die den Plebejern im Jahr 367 v. Chr. den Zugang zum Konsulat öffnen) sind zunächst keiner bestimmten Gesetzeskategorie zugeordnet. Überhaupt waren Staat und Verwaltung weder durch Verfassungssätze noch durch Juristenrecht stark eingeschränkt.

Auch das **Strafrecht** setzt sich zunächst nur undeutlich vom Privatrecht ab. So blieb nach dem Zwölftafelgesetz die Ahndung von Verbrechen den Verletzten selbst überlassen. Ein Beispiel für Körperverletzung:

> *Si membrum rupsit, ni cum eo pacit, talio esto.*
>
> Wenn jemand einem anderen ein Glied brach, soll, wenn der nicht mit ihm Frieden schließt, Talionsrecht gelten.
>
> Tab. 8.2.

Das heißt, der Geschädigte fügt dem Schädiger das gleiche Unrecht zu. Sogar die Verfolgung von Mördern wird den Angehörigen des Ermordeten überlassen. Seit dem 3. Jahrhundert v. Chr. war der Magistrat der **tres viri capitales** für Gewalttäter, Giftmörder und Brandstifter zuständig, neben den seit dem 2. Jahrhundert die sogenannten **Quästionengerichte** traten, Geschworenengerichte unter dem Vorsitz eines Magistrats, die zunächst nur von Fall zu Fall zusammentraten, später zu ständigen Gerichtshöfen wurden *(quaestiones perpetuae)*, denen die öffentliche Strafrechtspflege oblag. Die immer noch **unscharfe Trennung von Straf- und Privatrecht** zeigt die Tatsache, dass ein

Strafverfahren nicht durch einen öffentlichen Ankläger, sondern durch einen beliebigen Bürger, der sich der Sache annahm, eingeleitet wurde.

Mit gewissen Einschränkungen lässt sich sagen, dass die Geschichte des römischen Rechts eigentlich eine Geschichte des römischen Privatrechts ist.

Ein guter Überblick über die **Entwicklung des römischen Rechts** ist uns von Sextus Pomponius in den Digesten Justinians überliefert (Digesta 1,2, 2,1 ff.). Nach Pomponius soll ein gewisser Sextus Papirius am Ende der Königszeit erstmals die bestehenden Gesetze gesammelt und in einem Buch veröffentlicht haben:

> Is liber ... appellatur ius civile Papirianum.
>
> Dieses Buch ... nennt sich *ius civile* des Papirius.
>
> Digesta 1,2,2,1 ff.

Nach der Vertreibung der Könige 510 v. Chr. und der Gründung der Republik waren die Gesetze aus der Zeit der Monarchie bereits überholt und es begann eine Zeit der Rechtsunsicherheit, die bald durch die entscheidende Rechtsetzung in Rom, das **Zwölftafelgesetz (leges duodecim tabularum)** beendet werden sollte:

> *Placuit publica auctoritate decem constitui viros, per quos ... civitas fundaretur legibus.*
>
> Man beschloss, dass zehn Männer mit staatlicher Kompetenz eingesetzt werden sollten, durch die der Staat auf eine gesetzliche Grundlage gestellt werden sollte.
>
> Digesta 1,2,2,1 ff.

Noch Cicero musste Passagen aus den Zwölftafeln in der Schule auswendig lernen (Cicero, De legibus 2,59).

Die Sprache der Zwölftafeln in ihrer meist kargen und lapidaren Diktion wurde für alle Zukunft prägend für die Formulierung juristischer Texte. Ein Beispiel:

> *Si furiosus escit, adgnatum gentiliumque in eo pecuniaque eius potestas esto.*
>
> Wenn jemand geisteskrank ist, sollen die Adgnaten und Gentilen – Verwandte väterlicherseits – über ihn und sein Vermögen die Gewalt haben.
>
> Tab. 5.7.

Der im Gesetz festgelegte Tatbestand wird in Nebensätzen wiedergegeben, die mit *si* oder *ni (nisi)* eingeleitet sind, die Rechtsfolge wird als Gesetzesbefehl im Imperativ Futur gegeben. In den Verbformen wird stets die dritte Person Singular verwendet, wobei aus dem Textzusammenhang zu erschließen ist, wer jeweils gemeint ist. Die immer gleiche Periode führt bis in die Juristenschriften der Kaiserzeit hinein zu einem klaren, **durchsichtigen Satzbau in der römischen Rechtssprache**.

Die Umsetzung des Zwölftafelgesetzes in die Rechtspraxis erforderte nach Pomponius die Interpretation von Fachleuten *(interpretatio … prudentium)* und lag zunächst sicher in den Händen der Priesterschaft, die ihre „Geheimlehre" nur mündlich weitergaben:

> *Haec disputatio et hoc ius, quod sine scripto venit compositum a prudentibus … communi nomine appellatur ius civile.*
>
> Diese Interpretation und dieses Recht, das von den Weisen mündlich erarbeitet wurde … heißt allgemein *ius civile.*
>
> Digesta 1,2,2,1 ff.

Zur gleichen Zeit entstanden die sogenannten **Legisaktionen** *(legisactiones)*, genau festgeschriebene Rechtshandlungen, deren Voraussetzungen, Spruchformeln, Prozessablauf und Wirkungen gesetzlich festgelegt waren. Dabei mussten z. B. die Spruchformeln (*certas sollemnasque esse voluerunt* – „sie sollten festgelegt und hochehrwürdig sein") genau in der vorgeschriebenen Weise aufgesagt werden. Wer sich auch nur in einer Silbe irrte, hatte nach dem Motto *Qui cadit a syllaba, cadit a causa* – „Wer eine Silbe verfehlt, hat den Prozess verfehlt" den Prozess verloren.

Die Musterformeln waren wiederum im Besitz der Priesterschaft, sie sollen aber im Jahr 304 v. Chr. von einem gewissen Gnaeus Flavius geraubt und veröffentlicht worden sein. Man sprach vom „ius Flavianum".

In der mittleren Republik trat neben die schwerfälligen Legisaktionen das sogenannte **Formularverfahren**. Der Prätor, der oberste Rechtsbeamte im Staat, legte nach Anhörung der Parteien das Prozessprogramm selbst in einer schriftlichen Anweisung, der *formula,* fest, die den Prozessverlauf, die juristischen Voraussetzungen des Falls und die mögliche richterliche Entscheidung in lockerer Form, als es die Legisaktionen taten, beschrieb. Damit wurde die noch mit religiös-magischen Zügen behaftete Legisaktion gewissermaßen säkularisiert.

In der Kaiserzeit wird dann das Formularverfahren durch das sogenannte **Kognitionsverfahren** mehr und mehr verdrängt werden. Im Auftrag des Kaisers untersucht ein Beamter ohne Einschaltung eines Gerichts *(extra ordinem iudiciorum)* den Rechtsstreit *(cognitio)* und entscheidet ihn dann durch ein amtliches Dekret *(decretum)*. 342 n. Chr. wird das Formularverfahren endgültig abgeschafft.

Mit dem Kognitionsverfahren ist auch die bisher übliche **Zweiteilung des Prozesses** aufgehoben. Der römische Zivilprozess hatte sich in zwei Verfahrensabschnitte gegliedert. Im ersten **(in iure)** prüft der Prätor die Prozessvoraussetzungen, z. B. ob Kläger und Beklagte gewaltfreie Personen sind, und die gesetzlichen Grundlagen für einen eventuellen Prozess, z. B. ob eine Klage im vorliegenden Fall überhaupt möglich ist. Dann überweist er den Fall an ein Gericht aus einem oder mehreren Geschworenenrichtern, die bis in die Zeit der Gracchen dem Senatorenstand entstammten, seit der *lex iudiciaria* (Richtergesetz) des Gaius Gracchus vom Jahr 122 v. Chr. aus Rittern bestanden, kurz darauf aus beiden Ständen rekrutiert wurden. Das Geschworenengericht **(apud iudicem)** entscheidet dann nach der vom Prätor vorgegebenen *formula* die Streitsache. Der Prätor garantiert also die Rechtsqualität des Prozesses, der Richter entscheidet den Fall.

Zurück zu **Pomponius:** Nach der Zwölftafelgesetzgebung und ihren Folgen stellt sich das Recht in drei wichtigen Blöcken dar, den **Rechtsquellen**[28]: den *leges duodecim tabularum,* dem *ius civile* (Interpretation der sachverständigen Priester) und den *legisactiones.*

Bald kamen zu den Zwölftafeln andere Gesetzesquellen hinzu. Nachdem am Beginn der Ständekämpfe die Plebs auf den Heiligen Berg ausgewandert war (494 v. Chr.), gab sie sich eigene Gesetze, die **Plebiszite** *(plebiscita).* Durch die lex Hortensia 287/286 v. Chr. wurden die Plebiszite den **Gesetzen** *(leges),* die nach der Zwölftafelgesetzgebung in der Volksversammlung der Zenturiatskomitien (zu den *comitia centuriata* siehe S. 6 f.) beschlossen worden waren, gleichgestellt und erlangten somit Rechtskraft für den Gesamtstaat (*pro legibus placuit ... ea observari* – „man beschloss ... dass sie als Gesetze gelten sollten").

Da bei zunehmender Größe des römischen Staatswesens in einer komplizierten Staatsverwaltung der Senat in seiner beratenden Funktion eine immer wichtigere Rolle spielte, gewann auch ein „Ratschlag" oder besser Erlass des Senats **(„senatus consultum")** zunehmend an Bedeutung und Gewicht, die *senatus consulta* wurden neben den Gesetzen eine wichtige Rechtsquelle.

Gleichzeitig veröffentlichte der Prätor seine jeweiligen Rechtsgrundsätze **(„edicta praetorum")**. Diese Edikte entwickeln sich zu einem eigenen wichtigen Rechtsbereich, der, da er sich vom Amt des Magistrats *(ab honore praetoris)* ableitet, **„ius honorarium"** heißt.

28 Hier ist zu beachten, dass unter Rechtsquelle die Quelle verstanden werden kann, aus der das Recht fließt, also das gesetzgebende Organ, dass dann aber vor allem das in welcher Weise auch immer gesetzte Recht selbst Rechtsquelle genannt wird, z. B. ein Gesetz der Zwölftafeln.

In der Kaiserzeit tritt naturgemäß die vom Princeps erlassene Bestimmung in den Vordergrund der Rechtsprechung (**„constitutio principalis“**), sie gilt als Gesetz (*ut, quod constituisset, ratum esset* – „dass, was er – der Princeps – erlassen hatte, gesetzlich gültig sein solle“).

Abschließend unterscheidet **Pomponius sieben Arten von Rechtsquellen:**

> *Ita in civitate nostra aut iure, id est lege, constituitur, aut est proprium ius civile, quod sine scripto in sola prudentium interpretatione consistit, aut sunt legis actiones, quae formam agendi continent, aut plebiscitum ... aut est magistratuum edictum, unde ius honorarium nascitur, aut senatus consultum, quod solum senatu constituente inducitur sine lege, aut est principalis constitutio, id est ut quod ipse princeps constituit pro lege servetur.*
>
> So wird in unserem Staat entweder durch Rechtssatzung, das heißt, durch Gesetz, eine Bestimmung erlassen, oder es handelt sich um das eigentliche *ius civile,* das mündlich nur in der Interpretation der Sachverständigen existiert, oder es handelt sich um Legisaktionen, die den formalen Rahmen des Prozesses enthalten, oder um ein Plebiszit ... oder um das Edikt des Magistrats, aus dem sich das *ius honorarium* ableitet, oder um einen Senatsbeschluss, der allein durch eine Entscheidung des Senats ohne Gesetz entsteht, oder es ist ein Erlass des Kaisers, das heißt, eine Entscheidung des Kaisers gilt als Gesetz.
>
> Digesta 1,2,2,1 ff.

In der Kaiserzeit gewinnen auch die Gutachten von vom Kaiser autorisierten Juristen (sie sind mit dem *ius respondendi* ausgestattet) zunehmend Gesetzeskraft, die sogenannten **responsa prudentium**.

Insgesamt fällt auf, dass im römischen Recht genuin verschiedene Rechtsquellen durchaus als gleichwertige Teile eines einheitlichen römischen Gesamtrechts angesehen werden, das **römische Recht** gewissermaßen **aus verschiedenen Wurzeln zu einem einheitlichen Stamm** heranwächst.

Ist die Zeit der Republik die Reifezeit des römischen Rechts, in der dieses zu einem immer wirksameren praktischen Instrument zur Organisation des Staates und der Gesellschaft wird, so ist die **Kaiserzeit** die große Zeit der Rechtstheorie. Die ersten beiden Jahrhunderte der Kaiserzeit wurden zur **klassischen Periode der römischen Rechtswissenschaft**, die mit M. Antistius Labeo und C. Ateius Capito unter der Herrschaft des Augustus begann und mit Salvius Iulianus (Konsul 148 n. Chr.; Statthalter mehrerer Provinzen), der im Auftrag Kaiser Hadrians die prätorischen Edikte zusammenfasste, und P. Iuventius Celsus (Prätor 106/107 n. Chr.; Konsul 129 n. Chr.), der nur noch in den Digesten Justinians fassbar ist, einen Gipfelpunkt erreichte.

Diese beiden betrieben keine schulmäßige, abstrakte Theorie, sondern verfolgten eine praktische Richtung, der es vor allem auf die Klärung konkreter, aus dem Leben stammender Fälle ankam.

Die einzige einigermaßen vollständig erhaltene klassische Juristenschrift ist das Einführungslehrbuch **(Institutiones)** des **Gaius** in vier Büchern. Von Gaius, der um 180 n. Chr. starb, ist uns nur der Vorname erhalten. Gaius gliederte den Rechtsstoff in Personenrecht, Sachenrecht (Sache ist alles, was Vermögensbestandteil sein kann, z. B. auch der Sklave) und Prozessrecht **(personae, res, actiones)**. Das gaianische System wurde zu einem beliebten Darstellungsschema bis in die Moderne, das auch dem Code civil Napoleons zugrunde liegt.

Von lehrhaftem Charakter war auch das Enchiridium (Handbuch) des ebenfalls im 2. Jahrhundert n. Chr. lehrenden Pomponius, aus dem die rechtshistorische Einleitung zu den Digesten Justinians stammt.

Aus der sogenannten Spätklassik sind vor allem die Schriften des Iulius Paulus und des Domitius Ulpianus aus dem beginnenden 3. Jahrhundert n. Chr. hervorzuheben. **Paulus und Ulpian** schrieben unter anderem ausführliche Kommentare – eine beliebte Literaturform der Klassik – zum prätorischen Edikt und **kasuistische Schriften**, die der **Diskussion zahlreicher Einzelfälle** *(casus)* gewidmet waren (Paulus: „Quaestiones", „Responsa"; Ulpian: „Disputationes", „Responsa").

Versucht man, das römische Recht insgesamt zu charakterisieren, so ist festzustellen, dass sich auch im Recht der **hierarchisch-patriarchalische Charakter** des römischen Gesamtstaates spiegelt. Wie zum Beispiel im Staat die gesamte Herrschaftsgewalt in den Händen des Konsuls liegt, so unterstanden alle Mitglieder einer Familie der Gewalt *(patria potestas)* des Familienvaters *(pater familias)*, der sogar die Gewalt über Leben und Tod *(ius vitae necisque)* der Familienmitglieder hatte, welche nur durch die Aufsicht des Zensors, der auf Herkunft und Sitte achtete, eingeschränkt war. Auch das gesamte Familienvermögen unterstand dem Familienvater, der dem erwachsenen Sohn aber ein Vermögen zur persönlichen Nutzung *(peculium)* überlassen konnte.

Die Sklaven gehörten als Sache *(res)* zum Vermögen. Die Entlassung volljähriger Söhne aus der väterlichen Gewalt war ein komplizierter Prozess, der sich schon in den Zwölftafeln andeutet:

Si pater filium ter venum duit, filius a patre liber esto.

Wenn der Vater einen Sohn dreimal verkauft hat, soll der Sohn vom Vater frei sein.

Tab. 4.2.

Die **Emanzipation (emancipatio) des Sohnes** erfolgte bis in die Kaiserzeit hinein durch seinen dreimaligen Scheinverkauf (*mancipatio:* bei diesem Kaufgeschäft, das nur bei *res mancipi* anwendbar war, nämlich bei Hauskindern, Sklaven, Grundstücken und an Hals oder Rücken zähmbaren Tieren, legt der Käufer die Hand auf den gekauften Gegenstand).

Auch eine **Frau**, die in die Familie ihres Mannes eintrat, trat in die Gewalt des *pater familias* ein, die nach dem Symbol der schützenden und beherrschenden Hand des Familienvaters **manus** genannt wurde. Bei der später auch möglichen *manus*-freien Ehe verblieb die Frau in der Gewalt (*patria potestas, manus*) ihres eigenen Vaters. Die römische Frau blieb damit immer unter fremder Gewalt **(alieno iuri subiecta)**. Diese Unmündigkeit besagt aber nichts über die gesellschaftliche Rolle der Frau, die im Gegensatz zu Griechenland sehr angesehen war. Der alte Cato soll gesagt haben:

> Alle Völker beherrschen ihre Frauen, wir beherrschen alle Völker, aber unsere Frauen beherrschen uns.
>
> Plutarch: Apophtegmata 198.

Den Wirren der Völkerwanderungszeit (410 n. Chr. Plünderung Roms durch den Westgotenkönig Alarich) ist nicht nur das Römische Reich, sondern auch großenteils das römische Recht zum Opfer gefallen. Kaiser **Justinian** (reg. 527–565) konnte noch einmal Ostrom, Afrika und Italien zu einem Reich zusammenfassen, das aber bald wieder zerbrach. Bestand hatte seine große Rechtskodifikation, das **Corpus iuris**.

Zunächst ließ Justinian unter Leitung des Rechtsgelehrten **Tribonianus** die kaiserlichen Konstitutionen sichten und neu zusammenstellen. Dieser dann zum zweiten Mal überarbeitete **Codex Justinianus** wurde 534 n. Chr. publiziert, er hatte Gesetzeskraft. In einem zweiten Arbeitsgang hatte Justinian repräsentative Auszüge aus klassischen Juristenschriften sammeln lassen. Die 50 Bücher umfassende Sammlung wurde 533 unter dem lateinischen Titel **Digesta** (Sammlung) und dem entsprechenden griechischen **Pandectae** (griech. *pandeches:* allumfassend) herausgegeben, es handelt sich um eine einzigartige Quelle römischer Rechtswissenschaft. In einem dritten Arbeitsgang wurde ein amtliches Lehrbuch verfasst, die **Institutiones**, das ebenfalls 533 veröffentlicht wurde. Das Corpus iuris in seinen drei Teilen (Codex, Institutiones, Digesta) ist zum **Fundament des abendländischen Rechts** geworden.

Das römische Recht wurde, nachdem es im frühen Mittelalter weitgehend versickert war, im hohen Mittelalter zu neuem Leben erweckt und begann, ganz Europa zu erobern. Die **mittelalterliche Blüte** ging von der Entdeckung der verschollenen Digesten im 11. Jahrhundert aus, die von der berühmten **Rechtsschule von Bologna** bearbeitet und wiedererschlossen wurden. Den Wissenschaftlern von Bologna ist es zu verdanken, dass in der folgenden Zeit das Corpus iuris Justinians zur Grundlage des europäischen Rechts wurde.

In Deutschland errichtete Kaiser Maximilian I. 1495 das Reichskammergericht, dem er befahl, bei Fehlen einer anderen Rechtsquelle „nach des Reiches gemeinen Rechten" zu entscheiden, worunter das Recht des Corpus iuris gemeint war. Während es in der Gerichtspraxis vom 16. bis zum 18. Jahrhundert teilweise zu einem Verschmelzen einheimischen Rechtsgutes mit dem römischen Recht kam, war die Rechtswissenschaft in Deutschland primär eine Wissenschaft des römisch-gemeinen Rechts *(ius commune)*.

Für die im Zuge der **Aufklärung** geschaffenen großen **Rechtskodifikationen der Neuzeit** (Preußisches Allgemeines Landrecht 1794; Code Napoléon 1803–1807; Österreichisches Allgemeines Bürgerliches Gesetzbuch 1811) erhielt das römische Recht „die Funktion eines kritischen Maßstabs" (Söllner).

Im Zentrum des Interesses steht das römische Recht in der im 19. Jahrhundert von Gustav Hugo und Carl von Savigny in Deutschland gegründeten **historischen Rechtsschule**. Die Schüler Savignys schufen die sogenannte **Pandektenwissenschaft**, die anhand des römischen Rechts eine juristische Systematik und eine allumfassende genaue Begrifflichkeit entwickelte, die die europäische Rechtswissenschaft bis heute auszeichnen.

Das **Bürgerliche Gesetzbuch (BGB)**, das am 1. Januar 1900 in Kraft trat, hat die praktische Geltung des römischen Rechts in Deutschland endgültig aufgehoben, es ist aber durch und durch von der Pandektenwissenschaft geprägt.

Exkurs: Einführung in die lateinische Metrik

Metrik und Prosodie

Die deutsche Dichtung ist „akzentuierend", das heißt, die Hebungen (Betonungen) im Vers richten sich nach dem jeweiligen Wortakzent. Bei der lateinischen Dichtung spielt der Wortakzent der Prosa keine Rolle, sondern das Versmaß richtet sich nach den Quantitäten (Längen und Kürzen) der Wortsilben, die lateinische Dichtung ist **„quantitierend"**.

Die altgriechische Lyrik (seit ca. 600 v. Chr.), die am Beginn der europäischen Lyrik steht, wurde zur Lyra, der Leier, vorgetragen, das heißt, eigentlich gesungen. Sie ist Vorbild sowohl der hellenistischen (siehe S. 45 f.) als auch – vor allem durch Horaz (siehe S. 66) – der römischen Lyrik. So heißt das antike Gedicht „Lied" (griech. *ode;* lat. *carmen*). Die Lehre von den Versmaßen heißt Metrik (griech. *metrein:* messen) oder Prosodie (griech. *prosodia:* das Ansingen).

Die Quantitäten der Wortsilben

Ob die Vokale eines Wortes lang oder kurz sind (Zeichen für die Länge eines Vokals: –; Zeichen für die Kürze eines Vokals: ◡), weiß oft nur der Fachmann. Die Quantitäten der Endungen (etwa Kasusendungen des Substantivs, Personalendungen des Verbs) sind meist in der Grammatik angegeben. So ist etwa das -a im Nominativ Singular der a-Deklination kurz *(rosă),* das -a im Ablativ Singular lang *(rosā)*. Die Quantität der Vorsilben und Binnensilben (Silben im Wortinnern) sind im Lexikon angegeben, wo lange Silben mit einem Balken über dem Vokal gekennzeichnet sind (z. B. ōrātor).

Es gibt jedoch einige hilfreiche Anhaltspunkte zur Bestimmung von Quantitäten:

- Diphthonge (Doppelvokale: ae, oe, au, eu) sind immer lang.
- Folgen auf einen Vokal zwei oder mehr Konsonanten (i ist ein Vokal, z. B. *insula,* j ist ein Konsonant, z. B. *iudex;* x und z gelten als zwei Konsonanten, qu dagegen als ein Konsonant), so gilt er für die Metrik als lang, selbst wenn er von Natur aus kurz ist (so gilt das o in *cŏnsul* als lang). Man spricht hier

von einer Positionslänge, einer Länge durch „Stellung“ vor zwei Konsonanten.
Eine Ausnahme ist hier zu merken: Bestehen die zwei folgenden Konsonanten aus einem Mutum und Liquidum (Muta: p-, k- und t- Laute; Liquida: l, m, n, r), so muss nicht Längung des vorhergehenden Vokals eintreten, sie kann nur eintreten: So kann das u in *volucris* sowohl lang *(volūcris)* als auch kurz *(volŭcris)* gelesen werden.

- Eine wichtige Hilfe zum Feststellen der Quantitäten ist das allgemeine Betonungsgesetz der lateinischen Prosa, das Paenultimagesetz („Vorletzte-Silben-Gesetz“) oder Dreisilbengesetz. Für die Betonung jedes lateinischen Wortes gilt: Ist die vorletzte Silbe lang, ist sie betont (z. B. *orắtor)*, ist die vorletzte Silbe kurz, wird die drittletzte betont (z. B. *équĭtis)*. Für die Metrik gilt umgekehrt: Würde man in der Prosa die vorletzte Silbe eines Wortes betonen, ist sie lang, würde man die drittletzte betonen, ist die vorletzte kurz.
- Die letzte Silbe im Vers kann immer lang gelesen werden, auch wenn sie kurz ist, da vor dem folgenden Vers automatisch eine Atempause eingelegt wird (oft *syllaba anceps* genannt, die „doppelköpfige“ oder zweideutige Silbe). Diese lange Endsilbe des Verses wird in der Fachliteratur, falls sie von Natur aus lang ist, wie alle Längen mit –, falls sie kurz ist, entsprechend ihrem nummehrigen Quantitätswert nicht mit dem sonstigen Zeichen für die Kürze (∪), sondern mit ∪ (= diese Kürze ersetzt eine Länge) bezeichnet. Wir ziehen es vor, diese eine Länge ersetzende kurze Endsilbe auch mit dem Zeichen – zu bezeichnen, da so das Schema der einzelnen Verse deutlicher sichtbar bleibt.

Wichtige Versfüße

Ein Vers setzt sich aus kleinsten rhythmischen Einheiten *(pedes:* Versfüße) zusammen, die durch eine bestimmte Anordnung von Längen und Kürzen charakterisiert sind (Zeichen für die Länge eines Vokals: –; Zeichen für die Kürze eines Vokals: ∪).

Die wichtigsten Versfüße sind:

Der Jambus:	∪ –	(z. B. cănō);
der Chorjambus:	– ∪ ∪ –	(z. B. pērcĭpĭēs; eigentlich ein umgedrehter Jambus und ein normaler Jambus);
der Trochäus:	– ∪	(z. B. ārmă);

der Daktylus: – ∪ ∪ (z. B. lītora);
der Anapäst: ∪ ∪ – (z. B. pereō);
der Spondeus: – – (z. B. cōgō)

Da es in der lateinischen Metrik nicht um Betonungen, sondern um Quantitäten geht (vgl. in der Musik die verschiedenen Quantitäten der Noten), können oft zwei Kürzen durch eine Länge ersetzt werden, z. B. kann der Daktylus (– ∪ ∪) auch als Spondeus (– –) erscheinen, oder eine Länge durch zwei Kürzen (so kann sich etwa der Jambus ∪ – in drei Kürzen auflösen: ∪ ∪ ∪).

Die Betonung

Wir sind heute nicht mehr in der Lage, den antiken Vers im Originalton zu lesen. Man nimmt an, dass kurze Silben kurz und in tieferem Ton, lange Silben lang und in höherem Ton gelesen wurden.

„Ārma virumque canō, Troiae quī prīmus ab ōrīs“

Hier müssten also alle langen Silben gleichmäßig lang und hoch, alle kurzen Silben kurz und tief gesprochen werden.

Wir lesen heute den Vers regelwidrig mit Betonungen, wobei wir jeweils die originale Länge jedes Versfußes betonen (–́ ∪ ∪; –́ –):

„Ārma virumque canō, Troiae quī prīmus ab ōrīs“

Pausen im Vers

In jedem längeren Vers finden sich Atempausen, die sich nach dem Sinn der Aussage richten. Fällt eine Pause zwischen zwei Versfüße, heißt sie Diärese (griech. *diairein:* trennen):

– ∪ ∪ | – ∪ ∪ | – ∪ ∪ | – ∪ ∪ || – ∪ ∪ | – –
Diärese

Wird durch eine Pause ein Versfuß zerschlagen, heißt sie Cäsur (lat. *caedere:* zerschlagen):

– ∪ ∪ | – ∪ ∪ | – || ∪ ∪ | – ∪ ∪ | – ∪ ∪ | – –
Cäsur

Eine einfache Hilfe zur Auffindung der Pause ist, dass ein Satzzeichen in der Regel mit der Pause zusammenfällt:

„Ārmă virūmquĕ canō, ‖ Trōiāe quī prīmŭs ăb ōrīs“
Cäsur

Hiat und Elision

Wichtig für die Bestimmung des Versmaßes ist Folgendes: Endet ein Wort im Vers mit einem Vokal und beginnt das folgende Wort mit einem Vokal, entsteht an der Nahtstelle für das antike Ohr eine unschöne Kluft, ein Hiat (lat. *hiare:* klaffen), die dadurch vermieden wird, dass der erste Vokal nicht gelesen, das heißt, durch eine sogenannte Elision ausgestoßen wird (lat. *elidere:* ausstoßen). Der ausgestoßene Vokal tritt im Versmaß nicht in Erscheinung. Steht vor dem zweiten Vokal ein h, tritt ebenfalls Elision ein, da h nicht als eigener Buchstabe, sondern nur als Hauchlaut vor dem folgenden Vokal empfunden wird.

„Ămō te: Ēt nōn nĕglēxīsse hăbĕō grātĭām“

Wir müssen also lesen:

„Ămō t: ēt nōn nĕglēxīss hăbĕō grātĭām“

Ein deutsches Beispiel verdeutlicht das Gesagte:

„Nein, ich ertrag' es länger nicht!“

Bei „ich ertrage“ ist das auslautende e elidiert. Der Römer würde „ich ertrage“ schreiben, aber „ich ertrag'“ lesen.

Zwei Ergänzungen sind hier zu merken:

- Auch wenn ein Wort auf einen Vokal + m endet und das folgende Wort mit Vokal beginnt, entsteht ein Hiat, der durch Elision vermieden wird: „causam intulit“ ist zu lesen als „caus' intulit“, das -am wird elidiert.
- Ist das auf einen Vokal folgende Wort *est* (er ist) oder *es* (du bist), so wird nicht der Endvokal, sondern das e von *est* oder *es* elidiert: „monendum est“ wird also gelesen als „monendum st“.

In der lateinischen Dichtung gängige Verse und Strophen

Der Hexameter (Versmaß des Epos und der Verssatire)

Die kleinste Zahl von Versfüßen, die einen einzelnen ganzen Vers bilden kann, heißt Metrum. So bilden etwa zwei Jamben ein Metrum: ∪ – ∪ – könnte einen einzelnen Vers bilden. Beim Daktylus ist schon ein Daktylus ein Metrum: – ∪ ∪ könnte im Extremfall einen einzelnen Vers bilden.

Der Hexameter besteht aus sechs (griech. *hex:* sechs) daktylischen Metren, wobei der sechste Daktylus immer durch einen Spondeus ersetzt ist: Auch eine kurze Endsilbe des Verses wird als Länge gelesen: – ∪ = – ∪̇. Seine Grundform ist also:

– ∪ ∪ | – ∪ ∪ | – ∪ ∪ | – ∪ ∪ | – ∪ ∪ | – –

Der quantitierenden Dichtung entsprechend kann jeder Daktylus (- ∪ ∪) durch einen Spondeus (– –) ersetzt werden, was beim 5. Metrum aber fast nie der Fall ist. Es ergeben sich also folgende Möglichkeiten:

– – | – – | – – | – – | – ∪ ∪ | – –
– ∪ ∪ | – ∪ ∪ | – ∪ ∪ | – ∪ ∪ | – ∪ ∪ | – –

Ist auch ausnahmsweise der vorletzte Daktylus durch einen Spondeus ersetzt, handelt es sich um einen sogenannten „versus spondiacus“, der besonders schwer und gewichtig endet.

Bei der metrischen Analyse ist folgendermaßen vorzugehen: Die erste Silbe wird als lang gekennzeichnet (–), die letzten beiden Silben bilden einen Spondeus (– –), vor dem Spondeus steht meist ein Daktylus (– ∪ ∪). Damit sind fast drei Metren erkannt. Die restlichen drei Metren werden vor allem unter Berücksichtigung der Positionslängen und des Paenultimagesetzes erschlossen.

Die Pausen im Hexameter

Die häufigste Pause ist die Cäsur nach der 3. Hebung:

„Ārma virūmque canō, ‖ Troiāe quī prīmus ab ōrīs“

Nicht selten kommt eine Cäsur nach der 4. Hebung vor, die meist mit einer kaum hörbaren Cäsur nach der 2. Hebung verbunden ist:

„Ārmātī ‖ circūmsīstūnt ‖ īpsūmque domūmquē“

Analyse der ersten Verse der „Aeneis“:

„Arma virumque cano, || Troiae qui primus ab oris
Italiam || fato profugus || Lavinaque venit
Litora || - multum ille et terris iactatus et alto
Vi superum, || saevae memorem || Iunonis ob iram,
Multa quoque et || bello passus, || dum conderet urbem
Inferretque deos Lati o || - genus unde Latinum
Albanique patres || atque altae moenia Romae.“

Hexameter und Pentameter: das elegische Distichon (Versmaß des Epigramms und der Elegie)

Das elegische Distichon (Doppelvers) besteht aus einem Hexameter und einem Pentameter. Der Pentameter besteht aus zwei Hemiepes (Halbverse) nach folgendem Schema:

– ∪ ∪ – ∪ ∪ –

Der Pentameter sieht also so aus:

– ∪ ∪ – ∪ ∪ – || – ∪ ∪ – ∪ ∪ –

In der Versmitte entsteht durch eine Diärese die Pause. Auf den ersten Blick könnte der Vers als ein um ein Metrum verkürzter Hexameter erscheinen, als „Pentameter“ also (griech. *pente:* fünf), was aber ungenau ist.

Wichtig ist, dass die Kürzen des ersten Hemiepes beliebig durch Längen ersetzt werden können, während das zweite Hemiepes immer unverändert bleibt.

Analyse von zwei Epigrammen Martials:

„Daedale; Lucano cum sic lacereris ab urso
    Quam cuperes pinnas || nunc habuisse tuas!“

„Nuper erat medicus; nunc est vispillo Diaulus:
    Quod vispillo facit; || fecerat et medicus.“

Dem Schüler wird bei der Schreibweise des Distichons auffallen, dass der zweite Vers meist kürzer als der erste ist und etwas nach rechts eingerückt geschrieben wird.

Der jambische Trimeter (Versmaß vor allem der Tragödie und Komödie)

Der jambische Trimeter besteht aus drei (griech. *tria:* drei) jambischen Metren, jedes Metrum besteht aus zwei Jamben. Seine Grundform ist also:

∪ – ∪ – | ∪ – ∪ – | ∪ – ∪ –

„Suis et ipsa Roma viribus ruit“

Der Dichter hat die Freiheit, die erste Kürze jedes Metrums durch eine Länge zu ersetzen. Es ergeben sich also folgende Möglichkeiten:

„Sella in curuli struma Nonius sedet“

Eine besondere Form des jambischen Trimeters liegt vor, wenn die letzte Kürze wider die Regel durch eine Länge ersetzt wird: Dann kommt das jambische Metrum gewissermaßen ins Stolpern, es liegt ein sogenannter „Hinkjambus“ vor:

„Miser Catulle, desinas ineptire“

Es folgen einige wichtige, eigentlich lyrische Versmaße.

Der Glyconeus

Hier hört „abfragbares“ Wissen auf, der freie „melodische“ Gebrauch der Metren macht die Versanalyse sehr schwierig.

Die folgenden Versmaße erklären sich alle aus einer freien Kombination von jambischen Metren, des einfachen jambischen Metrums (∪ – ∪ –) und des Chorjambus (– ∪ ∪ –).

Der Glyconeus, der nach dem hellenistischen Dichter Glykon benannt ist, besteht aus einem umgekehrten halben jambischen Metrum am Anfang (Horaz zieht einen Spondeus am Anfang vor: – – | – ∪ ∪ – | ∪ –), aus einem Chorjambus in der Mitte und einem halben jambischen Metrum am Ende (oder aus einem halbierten Chorjambus am Anfang und am Ende). Seine Normalform sieht so aus:

– ∪ | – ∪ ∪ – | ∪ –

Der Glyconeus liegt im Kern den folgenden häufig gebrauchten Versmaßen zugrunde.

Der Phalaeceus oder Hendekasyllabus (Elfsilbler)

Der Phalaeceus, genannt nach dem hellenistischen Dichter Phalaikos, oder Elfsilber sieht in seiner Grundform so aus:

– – | – ∪ ∪ – | ∪ – | ∪ – –

Am Anfang steht ein meist durch einen Spondeus ersetzter umgekehrter Jambus (alternativ: ∪ – bzw. – ∪), es folgen ein Chorjambus, dann ein zum ersten Jambus symmetrischer Jambus. Der Vers wird abgeschlossen durch ein um eine Silbe verkürztes (katalektisches) jambisches Metrum (statt ∪ – ∪ – : ∪ – –).

„Passer, deliciae meae puellae"

Asklepiadeische Verse

Es gibt zwei nach dem hellenistischen Dichter Asklepiades benannte Verse: Der kleinere asklepiadeische Vers *(Asclepiadeus minor)* geht in seiner Grundform so:

– – | – ∪ ∪ – | – ∪ ∪ – | ∪ –

Am Anfang steht ein fast immer durch einen Spondeus ersetzter umgekehrter Jambus. Dann folgen zwei Chorjamben. Der Vers wird abgeschlossen durch einen zum ersten Jambus symmetrischen Jambus. Man kann den Asclepiadeus minor auch als einen um einen Chorjambus erweiterten Glyconeus bezeichnen.

„Maecenas atavis edite regibus"

Der größere asklepiadeische Vers *(Asclepiadeus maior)* hat in der Grundform folgendes Schema:

– – | – ∪ ∪ – | – ∪ ∪ – | – ∪ ∪ – | ∪ –

Es handelt sich um einen um einen Chorjambus erweiterten Asclepiadeus minor.

„Aetas: Carpe diem quam minimum credula postero"

Die alkäische Strophe

Die nach dem altgriechischen Dichter Alkaios benannte alkäische Strophe beginnt mit zwei alkäischen Elfsilblern in folgender Grundform:

– – | ∪ – – | – ∪ ∪ – | ∪ –

Am Anfang steht ein meist durch einen Spondeus ersetzter Jambus, es folgen ein um eine Silbe verkürztes (katalektisches) jambisches Metrum und ein Chorjambus. Der Vers endet mit einem zum ersten Jambus parallelen Jambus. Man kann auch von drei jambischen Metren sprechen: Am Anfang steht ein halbes jambisches Metrum, dann folgt ein verkürztes (katalektisches) jambisches Metrum, dann ein Chorjambus, dann wiederum ein halbes jambisches Metrum.

Den zwei alkäischen Elfsilblern folgt ein alkäischer Neunsilbler in folgender Grundform:

– – | ∪ – – – | ∪ – –

Am Anfang steht ein meist durch einen Spondeus ersetzter Jambus, es folgen ein unregelmäßiges jambisches Metrum (die zweite Kürze ist durch eine Länge ersetzt) und ein katalektisches jambisches Metrum.

Die Strophe wird abgeschlossen durch einen alkäischen Zehnsilbler in folgender Grundform:

– ∪ ∪ | – ∪ ∪ – | ∪ – –

Am Anfang steht ein durch einen Spondeus ersetzter umgekehrter Jambus, dessen zweite Länge durch zwei Kürzen ersetzt ist (– ∪ ∪: Daktylus), es folgen ein Chorjambus und ein katalektisches jambisches Metrum.

Beispiel einer alkäischen Strophe:

„Ōdī profănūm | vōlgŭs ĕt ārcĕō.
Făvētĕ līnguīs: | Cārmĭnă nōn prĭūs
Āudītă Mūsārūm | săcērdōs
Vīrgĭnĭbūs pŭĕrīsquĕ cāntō."

Die sapphische Strophe

Die nach der altgriechischen Dichterin Sappho benannte sapphische Strophe beginnt mit drei sapphischen Elfsilblern in folgender Grundform:

– ∪ – – | – ∪ ∪ – | ∪ – –

Am Anfang steht ein umgekehrtes jambisches Metrum, in dem die zweite Kürze meist durch eine Länge ersetzt ist, dann folgt ein Chorjambus, abgeschlossen wird der Vers durch ein zum ersten Metrum symmetrisches katalektisches jambisches Metrum.

Die Strophe wird abgeschlossen durch einen Adoneus[29] nach folgendem Schema:

– ∪ ∪ – –

„ō tŏn Ā̆dōnīn“: „Āch; dŭ Ā̆dōnīs!“

Beispiel einer sapphischen Strophe:

„Īllĕ mī pār | ēssĕ dĕō | vĭdētūr;
Īllĕ; sī fās | ēst; sŭpĕrā|rĕ dīvōs;
Quī sĕdēns ā|dvērsŭs ĭdēn|tĭdēm tē
spēctăt ĕt āudīt.“

29 Adoneus: Vielleicht den griechischen Klageruf auf den toten Geliebten der Aphrodite, Adonis, nachzeichnend.

Literaturempfehlungen

Die Vorschläge enthalten nur momentan im Buchhandel erhältliche Bücher, deshalb wurde auf genaue bibliografische Angaben (Ort, Jahr) verzichtet. Es werden vor allem günstige Taschenbuchausgaben genannt, aber auch einige teurere Bücher, die der Schüler vielleicht nicht selbst kaufen, aber der Lehrkraft für die Schülerbibliothek vorschlagen kann, falls sie dort nicht vorhanden sind.

Textausgaben

Bei Reclam erhältlich sind folgende für die Oberstufe des Gymnasiums relevanten Textausgaben (Lateinisch/Deutsch):

Catull: Sämtliche Gedichte.

Cicero: De finibus bonorum et malorum. Über das höchste Gut und das größte Übel.
De natura deorum. Über das Wesen der Götter.
De re publica. Vom Gemeinwesen.
Tusculanae disputationes. Gespräche in Tusculum.

Horaz: Sämtliche Gedichte *(mit Holzschnitten der Straßburger Ausgabe von 1498; dieses Buch ist gebunden).*
Oden und Epoden.
Sermones. Satiren.

Livius: Ab urbe condita. Römische Geschichte *(Bücher 1–5 in jeweils einem Bändchen).*

Lukrez: De rerum natura. Welt aus Atomen.

Ovid: Amores. Liebesgedichte.
Ars amatoria.
Metamorphosen.

Sallust: De coniuratione Catilinae. Die Verschwörung des Catilina.

Seneca: Apocolocyntosis. Die Verkürbissung des Kaisers Claudius.
De brevitate vitae. Von der Kürze des Lebens.
De providentia. Über die Vorsehung.
De vita beata.

Epistulae morales ad Lucilium. Briefe an Lucilius über Ethik *(20 Bücher in 17 Bändchen).*

Tacitus: Agricola.
Dialogus de oratoribus.
Germania.
Historien.

Vergil: Aeneis *(in sechs Einzelbändchen).*
Bucolica. Hirtengedichte *(die Gedichte sind kommentiert).*

Carmina Burana (eine Auswahl)

Bei Reclam liegt nur in einer Übersetzung vor:

Petron: Satyricon. Ein römischer Schelmenroman

Als dtv-Taschenbuch liegt aber die wichtigste Passage aus dem Satyricon zweisprachig vor:

Petronius: Cena Trimalchionis. Gastmahl bei Trimalchio.

Als UTB-Taschenbuch liegt vor:

M. Valerius Martialis: Epigramme *(es handelt sich um eine von U. Walter kommentierte Auswahl).*

Interpretationen

H. P. Syndikus: Catull. Eine Interpretation (2 Bände, Wissenschaftliche Buchgesellschaft).
Das Werk enthält eine ausführliche Einleitung zu Leben und Werk Catulls; die Bände sind nur bei der Wissenschaftlichen Buchgesellschaft Darmstadt zu beziehen; da sie nur von Mitgliedern der Wissenschaftlichen Buchgesellschaft bestellt werden können, muss die Bestellung eventuell über den Lehrer oder die Schule getätigt werden.

H. P. Syndikus: Die Lyrik des Horaz. Eine Interpretation der Oden (2 Bände, Wissenschaftliche Buchgesellschaft).
Das Werk enthält eine ausführliche Einleitung zu Leben und Werk des Horaz. Die Bücher von H. P. Syndikus sind auf dem neuesten Stand der Wissenschaft, bieten aber gerade auch für Schüler der gymnasialen Oberstufe empfehlenswerte,

da einleuchtende, gut lesbare und in das Verständnis antiker Lyrik ausgezeichnet einführende Interpretationen antiker Gedichte.

Bücher zu einzelnen Autoren

Manfred Fuhrmann: Cicero und die römische Republik. Eine Biographie (Paperback in der Serie Piper).
Das Buch gibt auch einen sehr guten Einblick in die Zeit und die Politik des 1. Jahrhunderts v. Chr.

Manfred Fuhrmann: Seneca und Kaiser Nero. Eine Biographie (Rowohlt/ Alexander Fest Verlag; gebunden).
Ein sehr ins Detail gehendes „Meisterwerk".

Niklas Holzberg: Ovid. Dichter und Werk (C. H. Beck Verlag).
Vergil. Der Dichter und sein Werk (C. H. Beck Verlag).
Horaz. Dichter und Werk (C. H. Beck Verlag).
Auch für Laien geschriebene Fachbücher eines renommierten Altphilologen.

Werner Suerbaum: Vergils „Aeneis". Epos zwischen Geschichte und Gegenwart (Reclam-Universalbibliothek).
Für Wissenschaftler und Laien geeignet; von der Inhaltsangabe der „Aeneis" bis zu verzwickten wissenschaftlichen Problemen.

Sachbücher

Manfred Fuhrmann: Geschichte der römischen Literatur (Reclam).
Bei einigem Interesse an lateinischer Literatur sollte sich der Schüler dieses Standardwerk unbedingt anschaffen.

Klaus Bringmann: Römische Geschichte (C. H. Beck-Wissen).
Eine knappe, verständliche Darstellung der römischen Geschichte mit guter bibliografischer Darstellung des Forschungsstandes.

Ingemar König: Kleine römische Geschichte (Reclam).

Jochen Bleicken: Die Verfassung der Römischen Republik (UTB-Taschenbuch).
Der „Klassiker" der römischen Verfassungsgeschichte.

Manfred Fuhrmann: Die antike Rhetorik (Patmos Verlag).
Knapp, verständlich und fundiert.

Detlef Liebs: Römisches Recht (UTB-Taschenbuch).
Ein auch für Laien verständlicher Überblick über die Geschichte und Systematik des römischen Rechts.

Alfred Söllner: Einführung in die römische Rechtsgeschichte (Beck'sche Elementarbücher, vergriffen).

Herbert Jennings Rose: Griechische Mythologie (Paperback im C. H. Beck Verlag).
Ein umfangreicheres „Lesebuch" zur antiken Mythologie.

Luciano de Crescenzo: Geschichte der griechischen Philosophie. Von Sokrates bis Plotin (Diogenes Taschenbuch).
Eine ausgezeichnete Darstellung eines sehr „begabten Laien".

Epikur: Philosophie der Freude (Insel Taschenbuch).
Übersetzung der lesenswerten Originaltexte Epikurs: Briefe und „Hauptgedanken"; dieses Bändchen sollte man immer bei sich haben.

Peter Kunzmann / Franz-Peter Burkard / Franz Widmann: dtv-Atlas Philosophie.
Sehr praktisch zur schnellen Orientierung; durch die schematischen Zeichnungen und vielen Bilder eine „Philosophie fürs Auge".

Personen- und Sachregister

Nur die Autoren, nicht ihre Werktitel, sind aufgeführt. Begriffe aus dem Kapitel über Metrik sind nicht enthalten. Angegeben sind immer die maßgeblichen Stellen.

Bildnachweis

Umschlagbild: Fresko, Museo Archeologico Nazionale, Neapel;
© Ministero per i Beni e le Attività Culturali, Neapel.

5 Aus: Ludwig Bernlochner u. a.: Erinnern und Urteilen 6. Geschichte für Bayern, Ernst Klett Schulbuchverlag: Stuttgart u. a. 1995, S. 88.
10 © Agora Museum, Athen.
12 © Staatliche Antikensammlungen und Glyptothek München.
17 © Staatliche Antikensammlungen und Glyptothek München.
34 © Giraudon, Paris.
38 Aus: German Hafner: Bildlexikon antiker Personen, 2. Auflage 1997, S. 243; © 1993 Patmos Verlag GmbH & Co KG/Artemis & Winkler Verlag: Düsseldorf/Zürich.
39 © Gemeinnützige Stiftung Leonhard von Matt, CH 6374 Buochs.
42 Staatliche Museen, Ost-Berlin, © BPK.
43 © Museum für Abgüsse Klassischer Bildwerke, München.
53 © Staatliche Antikensammlungen und Glyptothek München.
55 © Staatliche Antikensammlungen und Glyptothek München.
56 Museum für Abgüsse Klassischer Bildwerke, Kopenhagen Ny Carbberg Glyptothek, Inv. 3178.
57 © Museo Archeologico Nazionale, Neapel.
61 Aus: German Hafner: Bildlexikon antiker Personen, 2. Auflage 1997, S. 143; © 1993 Patmos Verlag GmbH & Co KG/Artemis & Winkler Verlag: Düsseldorf/Zürich.
66 © Nationalmuseum Athen.
70 © Foto: Joachim Blauel – Artothek.
72 Römisches Museum Augsburg, Inv. VF 169.
73 © BPK.
76 © Museo Archeologico Nazionale, Neapel.
81 © Nationalmuseum Neapel.
85 Tiberius: © Staatliche Antikensammlungen und Glyptothek München;
Caligula: © Hessische Hausstiftung, Museum Schloss Fasanerie, Eichenzell bei Fulda;
Nero: © Museo Nazionale delle Terme, Rom, Inv. 618;
Vespasian: © Staatliche Antikensammlungen und Glyptothek München.
86 © Archäologische Staatssammlung/Museum für Vor- und Frühgeschichte, München.
87 © Archäologische Staatssammlung/Museum für Vor- und Frühgeschichte, München.
91 Agora Museum, Athen.
93 © AKG.
103 © Louvre, Paris (Maurice Chuzeville).
106 Septimus Severus: © Louvre, Paris (Maurice Chuzeville);
Caracalla: Louvre, Paris.
107 © Brigitte Quest.
108 Scala, Florenz.
111 Chiesa d'Ognissanti, Florenz.

Wir danken allen Rechtinhabern für die Abdruckerlaubnis.
Der Verlag war bemüht, die Urheber der abgedruckten Bilder und Texte ausfindig zu machen. Wo dies nicht gelungen ist, bitten wir diese, sich ggf. an den Verlag zu wenden.

Ihre Meinung ist uns wichtig!

Ihre Anregungen sind uns immer willkommen. Bitte informieren Sie uns mit diesem Schein über Ihre Verbesserungsvorschläge!

Titel-Nr.	Seite	Vorschlag

Bitte hier abtrennen

Zutreffendes bitte ankreuzen!

Die Absenderin/der Absender ist:

- ☐ Lehrer/in in den Klassenstufen: ______
- ☐ Fachbetreuer/in
  Fächer: ______
- ☐ Seminarlehrer/in
  Fächer: ______
- ☐ Regierungsfachberater/in
  Fächer: ______
- ☐ Oberstufenbetreuer/in
- ☐ Schulleiter/in
- ☐ Referendar/in, Termin 2. Staats-
  examen: ______
- ☐ Leiter/in Lehrerbibliothek
- ☐ Leiter/in Schülerbibliothek
- ☐ Sekretariat
- ☐ Eltern
- ☐ Schüler/in, Klasse: ______
- ☐ Sonstiges: ______

Unterrichtsfächer: (Bei Lehrkräften!)

______

STARK Verlag
Postfach 1852
85318 Freising

Kennen Sie Ihre Kundennummer?
Bitte hier eintragen.

Absender (Bitte in Druckbuchstaben!)

Name/Vorname

Straße/Nr.

PLZ/Ort/Ortsteil

Telefon privat

Geburtsjahr

E-Mail

Schule/Schulstempel (Bitte immer angeben!)

19-V1T_GW
Bitte ausfüllen und im frankierten Umschlag an uns einsenden. Für Fensterkuverts geeignet.

Bitte hier abtrennen

(Bitte blättern Sie um)

Geschichte

Geschichte 1 – Baden-Württemberg – Die Entwicklung der politischen Kultur im Kaiserreich und in der Weimarer Republik · Die Zerstörung der Demokratie durch den Nationalsozialismus .... Best.-Nr. 84761
Geschichte 2 – Baden-Württemberg Deutschland seit 1945 · Die bipolare Welt .... Best.-Nr. 84762
Geschichte 1 – Bayern Vom 19. Jahrhundert bis zum Ende des Nationalsozialismus .... Best.-Nr. 94781
Geschichte 2 – Bayern Deutschland seit 1945 · Europäische Einigung Weltpolitik der Gegenwart .... Best.-Nr. 94782
Geschichte 1 – NRW Vom 19. Jahrhundert bis zum Ende des Nationalsozialismus .... Best.-Nr. 54761
Geschichte 2 – NRW Deutschland und Europa nach dem Zweiten Weltkrieg .... Best.-Nr. 54762
Geschichte 1 – Deutschland vom 19. Jahrhundert bis zum Ende des Nationalsozialismus .... Best.-Nr. 84763
Geschichte 2 – Deutschland seit 1945 · Europäische Einigung Weltpolitik der Gegenwart .... Best.-Nr. 84764
Methoden Geschichte .... Best.-Nr. 94789
Abitur-Wissen Die Antike .... Best.-Nr. 94783
Abitur-Wissen Das Mittelalter .... Best.-Nr. 94788
Abitur-Wissen Die Französische Revolution .... Best.-Nr. 947810
Abitur-Wissen Die Ära Bismarck: Entstehung und Entwicklung des deutschen Nationalstaats .... Best.-Nr. 94784
Abitur-Wissen Imperialismus und Erster Weltkrieg Best.-Nr. 94785
Abitur-Wissen Die Weimarer Republik .... Best.-Nr. 47815
Abitur-Wissen Nationalsozialismus und Zweiter Weltkrieg .... Best.-Nr. 94786
Abitur-Wissen Deutschland von 1945 bis zur Gegenwart .... Best.-Nr. 947811
Kompakt-Wissen Abitur Geschichte Oberstufe .... Best.-Nr. 947601
Lexikon Geschichte .... Best.-Nr. 94787

Kunst

Abitur-Wissen Malerei, Plastik, Architektur (G8) . Best.-Nr. 949618
Abitur-Wissen Malerei (G9) .... Best.-Nr. 94961
Abitur-Wissen Analyse und Interpretation (G9) .. Best.-Nr. 94962

Wirtschaft/Recht

Wirtschaft – Markt und Preise, Die Zukunft der Sozialen Marktwirtschaft .... Best.-Nr. 84851
Betriebswirtschaft .... Best.-Nr. 94851
Abitur-Wissen Volkswirtschaft .... Best.-Nr. 94881
Abitur-Wissen Rechtslehre .... Best.-Nr. 94882
Kompakt-Wissen Abitur Volkswirtschaft .... Best.-Nr. 948501

Politik

Abitur-Wissen Internationale Beziehungen .... Best.-Nr. 94802
Abitur-Wissen Demokratie .... Best.-Nr. 94803
Abitur-Wissen Sozialpolitik .... Best.-Nr. 94804
Abitur-Wissen Die Europäische Einigung .... Best.-Nr. 94805
Abitur-Wissen Politische Theorie .... Best.-Nr. 94806
Kompakt-Wissen Abitur Politik/Sozialkunde .... Best.-Nr. 948001
Lexikon Politik/Sozialkunde .... Best.-Nr. 94801

Ethik

Ethische Positionen in historischer Entwicklung ... Best.-Nr. 94951
Abitur-Wissen Philosophische Ethik .... Best.-Nr. 94952
Abitur-Wissen Glück und Sinnerfüllung .... Best.-Nr. 94953
Abitur-Wissen Freiheit und Determination .... Best.-Nr. 94954
Abitur-Wissen Recht und Gerechtigkeit .... Best.-Nr. 94955
Abitur-Wissen Religion und Weltanschauungen .. Best.-Nr. 94956
Abitur-Wissen Politische Ethik .... Best.-Nr. 94958

Religion

Katholische Religion 1 – gk .... Best.-Nr. 84991
Katholische Religion 2 – gk .... Best.-Nr. 84992
Abitur-Wissen GK ev. Religion Der Mensch zwischen Gott und Welt .... Best.-Nr. 94973
Abitur-Wissen GK ev. Religion Die Verantwortung des Christen in der Welt .... Best.-Nr. 94974
Abitur-Wissen Glaube und Naturwissenschaft .... Best.-Nr. 94977
Abitur-Wissen Jesus Christus .... Best.-Nr. 94978
Abitur-Wissen Die Frage nach dem Menschen .... Best.-Nr. 94990
Abitur-Wissen Die Bibel .... Best.-Nr. 94992
Abitur-Wissen Christliche Ethik .... Best.-Nr. 94993

Erziehungswissenschaft

Erziehungswissenschaft NRW GK/LK .... Best.-Nr. 54941
Erziehungswissenschaft .... Best.-Nr. 94941

Pädagogik/Psychologie

Grundwissen Pädagogik .... Best.-Nr. 92480
Grundwissen Psychologie .... Best.-Nr. 92481

Sport

Bewegungslehre · Sportpsychologie .... Best.-Nr. 94981
Trainingslehre .... Best.-Nr. 94982

STARK

Bestellungen bitte direkt an:

STARK Verlagsgesellschaft mbH & Co. KG · Postfach 1852 · 85318 Freising
Tel. 0180 3 179000* · Fax 0180 3 179001* · www.stark-verlag.de · info@stark-verlag.de
* 9 Cent pro Min. aus dem deutschen Festnetz

19-VIT_GW